あそんでまなぶ
わたしとせかい

子どもの育ちと環境のひみつ

勝間田明子・細田直哉・佐治晴夫 著

みらい

これは　なんですか?

石です。

いし　って　なんですか?

いし　って　なんだろう……

いし って……？

かたくて
灰色で

いや、白っぽいものもあるかな……
黒っぽいのや、緑色っぽいのも、
オレンジ色っぽいものもあるよな……

つるつるも　ザラザラもあるし

においは、たぶん、ない、かな……

この石 で なにができる?
なにをしたい?
この石となにかが出会うとき、
この石とだれかが出会うとき、
この石の中からいろんな可能性が
立ち上がってくるんだ。

さて、これはなんですか?

……そして、あなたは？

はじめに
人が「育つ」ってどういうこと？
「育ち」の可能性ってどこにある？

　わたしたちは「簡単な自己紹介を」と請われたとき、名前だけを伝えることがあります。

　名前をきいて、何が伝わりますか？
　名前とは、どんな情報なのでしょう。

　さて、冒頭の石の写真。
　もし、それは何かと問われたら、きっと多くの人が「石」と答えるでしょう。それが「普通」です。でも、わたしたちはその「普通」をもう少し掘り下げたい、「石」と答えておしまいにせず、そのモノの内に潜んでいる可能性について考えたい、と思っています。

　石の写真とイラストが示すように、モノの可能性は「出会い」によって引き出されます。お庭の石がお絵描き好きな人と油性ペンに出会ったら顔を描かれてしまうかもしれないし、川辺の石が元気な人に出会ったら水面へ投げられてしまうかもしれない。
　そう、石が素敵なキャンバスになったり、ボールがわりになったりするのは、何と出会うか、誰と出会うかによるんですね（もちろん、それ自体の形や性質にも規定されますが）。つまり、それはモノの可能性（用途・価値）がそれ自身だけでは決まらないということ。何か別のモノや人との出会いが、そのモノを意味づけるということです。

　これはモノに限らず、人も同じ。何と出会うか（モノとの対話）、誰と出会うか（人との対話）によって、内なる可能性が引き出されます。「人は〈出会い＝対話〉によって常に新しく生まれ変わり続ける」といってもいいでしょう。

　「育ち」は事後的にしかわかりません。何らかの変化が起きて、その後にはじめて「育った」ということがわかるのです。この「育ち」は、背が伸びる・体重が増える、という身体的な変化だけでなく、遊びなどの行為の質的な変化としても表面化します。
　からだやこころ（認知）が発達すると、行為

や言葉が質的に変化し、その変化は遊びの質を大きく変化させます。また逆に、遊びを通してからだやこころの機能が発達する面があることも容易に想像がつきますよね。からだやこころの発達と遊びの発達は、相互に関わり合っていて、補完し合う関係なのです。

わたしたちは、人がよく生きたいと願う存在であること、そして、人はいつでも変われるということを信じています。

そこで本書では、すべての人が新しい自分・変わりつつある自分に気づくために、〈対話〉の場である〈身体〉、そして身体の周りにある、身体でないものすべて（＝環境）に着目します。五感（触・聴・視・嗅・味）を切り口として、感じる自分・考える自分を存分に受け止めたい。大人も子どもも一緒になって、感じたこと・考えたことを分かち合い、いろんな「違う」と「同じ」を見つけたい。そして、その願いを叶える方法は楽しいほうがいい。そう考えて、感覚を磨く「遊び」と「環境のつくりかた」を、そっと提案することにしました。さまざまな遊びを通して、モノや人、また自分自身と対話をしてください。

さらにわたしたちは、感じたことを切り取る「言葉」、その実感を基盤にして想像の世界に羽ばたくための「言葉」を豊かに育むことを大事にしたいと思っています。直感の中にある論理性を優しく照らすコラムや子どもとともに歩くおもしろさを分かち合えるようなエッセイをどうぞ味わってください。

ここに載せた「感じる・考える・語り合うための素材」は素敵な花の種。その種がみなさんの中に力強く根を張り、愛らしい芽を出して、光の方へぐんぐん育ちますように。

勝間田 明子

あそんでまなぶ わたしとせかい　　［もくじ］

- 3　石ってなんだろう？
- 12　はじめに　　人が「育つ」ってどういうこと？「育ち」の可能性ってどこにある？
- 16　この本の構成とキーワード

第I部
遊びの実践編　——遊びは世界との対話——

- 20　**1. 触覚①　触れあう**
- 22　　ふれられてうれしい　ふれて楽しい遊び
  - ふれあいあそびのわらべ歌　このお水は冷たい？温かい？
- 24　　"にこにこを生む"気が合う遊び
  - あいこでイエイ　あくしゅで"ギュッ"
- 25　　育ちの環境のひみつ　「ふれあい」で育つ安心感
- 26　　道草ノススメ　—育つ子どもと考えるわたしのひとこま—　「おててとおっぱい」
- 27　　スプーン博士のものしりコラム　「ようこそ、この世界へ！」
- 28　**2. 聴覚　聴く・聞こえる**
- 30　　音やリズムを楽しむ遊び
  - まねっこお返事　鼓動を聞きあう　ペットボトルマラカス　カエルの歌の合奏
- 33　　育ちの環境のひみつ　「こだま」のコミュニケーション
- 34　　道草ノススメ　—育つ子どもと考えるわたしのひとこま—　「一歩、踏み出せば」
- 35　　スプーン博士のものしりコラム　「はじめに音ありき— 誕生前から育つ聴覚」
- 36　**3. 視覚　視る・見える**
- 38　　色や形を楽しむ遊び
  - ティッシュアート　紙コップつみ　影絵遊び
- 41　　育ちの環境のひみつ　子どもは「目」で学ぶ
- 42　　道草ノススメ　—育つ子どもと考えるわたしのひとこま—　「虹」
- 43　　スプーン博士のものしりコラム　「世界は太陽の光がつくりだす芸術」

44	4. 触覚② 触(さわ)る
46	感触を楽しむ遊び
	ねんど遊び（小麦粉、片栗粉、紙）　ポンポン遊び　キャ・キャ・キャッチ！
49	育ちの環境のひみつ　「さわる」「つかむ」「つかう」「つくる」
50	道草ノススメ　—育つ子どもと考えるわたしのひとこま—　「百日草」「毛糸玉人形」
51	スプーン博士のものしりコラム　「ふわふわ もぞもぞ 触覚と音がくっついたオノマトペ」
52	5. 味覚と嗅覚　味(あじ)わう・嗅(か)ぐ
54	味を楽しむ遊び
	スープの中身あて
55	いろんなだしの味と香り
	育ちの環境のひみつ　「楽しく食べる」ことが「食育」
56	スプーン博士のものしりコラム　「目に見えない匂いがかたちをつれてくる」
	「イチゴ味もメロン味もシロップは同じ味？」
58	6. 第六感　気(き)づく・察(さっ)する
60	「気配」を感じとる遊び
	どこにあるかな？ あてっこ遊び　てんぐのはな　テレパシーごっこ
	だれかに向かって話しかける
61	育ちの環境のひみつ　発見は「！？」からはじまる
62	道草ノススメ　—育つ子どもと考えるわたしのひとこま—　「あこがれ」
63	スプーン博士のものしりコラム　「見えないものを見るために」
64	スプーン博士の詩人の目・科学の芽

第Ⅱ部

学びの理論編　——「生きる」とは対話をとおして学ぶこと——

74	第1章　「遊び」と「アフォーダンス」
84	第2章　子どもの発達のヒミツ
91	第3章　子どもがすくすく育つ環境のために
97	第4章　環境は自分を映す鏡
107	道草ノススメ　—育つ子どもと考えるわたしのひとこま—　「かけるよ！」
108	第5章　美しく生きるために
112	終　章　「美しい」を考える
116	おわりに　希望を語る、未来を拓く

この本の構成とキーワード

佐治晴夫
ニックネームはスプーン博士。宇宙や物理学が専門で、NASAの宇宙計画にも関わりました。パイプオルガンの演奏も行う芸術家でもあります。

この本は3人で書きました

勝間田明子
人と人、人と物の"関係"を考えている教育学者。研究室には美しい絵本や玩具のほかに、緑茶・紅茶・花茶など、いろんなお茶がいっぱい。学生や同僚と一緒にホッと一息つきながらおしゃべりするのが大好きです。

細田直哉
人と世界の出会いから「わたし」が生まれる不思議を研究する心理学者。その謎を解き明かす鍵は、世界の中にある心の成分である「アフォーダンス」にあると考え研究しています。

●イラストはイメージです

この本のキーワードは〈対話〉です。

遊びをとおして、自分（身体）との対話、モノとの対話、人との対話の楽しさと喜びを共に感じてみませんか。

前半では「五感を磨く」ことを切り口としてさまざまな遊びを提案します。ぜひやってみてください。そして感じたことを考えてみてください。

後半では、世界の中にある「心の成分」＝「アフォーダンス」の視点から子どもが育つ環境を豊かに整えるために覚えておきたい事柄を中心に、本書を支える考え方を説明します。そして前半の「遊びの実践」と後半の「学びの理論」をやさしくつなぐのが、あいだにある「スプーン博士の詩人の目・科学の芽」と題するパートです。

それぞれが独立しながらも響きあい、関係しあう素敵なハーモニーになるように、本書の構成も「対話的」でありたいと願いながら作りました。ここにみなさんの素敵な色を加えていただけるといいな、と思っています。

第Ⅰ部
遊びの実践編 ——遊びは世界との対話——

やってみよう

遊んで、感じて、考えて……。
「自分(身体)との対話」、「モノとの対話」、
「人との対話」を楽しんでみてください。

1. 触覚① ── 触(ふ)れあう

はじめに「ふれあう」ということがありました。そこでは「わたし」と「せかい」はいまだはっきりと分かれておらず、ひとつに溶け合っています。生きることはそこからはじまります。

「生きる」とは環境とふれあうこと。環境にふれている限り、わたしたちは生きています。不安な時には、信頼できる人とふれあい安心感を得ようとしますね。これを「アタッチメント（愛着）」といいます。ふれあいは安心感の源。あらゆる感覚は環境とふれあうために進化してきたのです。

ふれられてうれしい ふれて楽しい遊び

この遊びから何を学ぶ？

おだやかな声とやさしい手、あたたかいまなざしに包まれて「おだやか」、「やさしい」、「あったかい」を学びます。大切にされることで自分が大切な存在だということに気づきます。

ふれあいあそびのわらべ歌

あーちゃんというひとが	
おでこさんをまいて	◀ おでこをなでる
めぐろさんをまわって	◀ 目のまわりをそっとなでる
はなのやまのぼって	◀ 鼻のつけねから鼻先をたどって
はなのあなのぞいて	◀ 鼻の穴をそっとさわり
おいけをまわって	◀ 口のまわりをなでて
むなさかおりて	◀ 首を通って胸へ
おへそを　こちょこちょこちょー	◀ 胸からおへそへいって　こちょこちょくすぐる

ちょっと大きくなったら
子どもをきゅうりに見立てて……
きゅうりの塩もみ

このお水は冷たい？温かい？

この遊びから何を学ぶ？

自分の感じ方は相手によって変わるもの。相手が変わると自分も変わり、自分が変わると相手も変わります。「相手にとっての自分／自分にとっての相手」。立場を変えて考えると、見える景色が変わります。

❶

❷

❸

❶→❷の順に指を入れてみると……

❸→❷の順に指を入れてみると……

ひとことメモ
高い・低い／重い・軽いも相対的な感覚ですね。
自分と同じ温度のお湯なら、どんなふうに感じるでしょう？

"にこにこを生む" 気が合う遊び

この遊びから何を学ぶ？

「一緒がうれしい」とは、共にいる相手の存在を喜ぶこと。「相手が笑っていると自分もうれしくて笑っちゃう！」という実感が土台になって「相手の喜び」と「自分の喜び」が結ばれます。

ジャンケンの「あいこ」を喜ぶ遊び
あいこ（同じものを出したら）で「イエイ」といってハイタッチ！ 笑顔が生まれます。

ひとことメモ
勝ち・負けや順番を決めるときによく使われるジャンケン。なかなか「あいこ」は注目されませんが、たまには「あいこ」を喜び、「一緒」を楽しんでもいいんじゃないかと思います。

あくしゅで"ギュッ"

1. せーの　ギュッ
2. せーの　ギュッギュッ
3. せーの　ギュッギュッギュッ

❶ 1〜3の数を思い浮かべる

❷「せーの」と2人で声を合わせて言い、その後にお互いが思い浮かべた回数（1〜3）で手を強く握る（たとえば、2ならギュッギュッ）。

同じ回数をギュッとできたら「気が合うー」と言って拍手！

育ちの環境のひみつ

「ふれあい」で育つ安心感
子どもは環境に働きかけ、環境と対話しながら自己と環境について学んでいきます。こうした対話が積極的に行われるためには、不安な時には信頼できる人にくっつき、ふれあえる安心感が必要です。そのような経験を実際に繰り返すことにより子どもの心の中に安心感がしっかり育つこと、それがすべての発達を支える土台になるのです。

道草ノススメ
―― 育つ子どもと考えるわたしのひとこま ――

おててとおっぱい

3歳のお誕生日の夜に、お布団で「ママのこと、だいすき。ねぇ、ママは？」と問う娘。「もちろん大好き♡……ねぇ、ママのどこが好きなの？」と聞いてみた。どんなふうに答えてくれるかな、優しいところ、なんて言ってくれるかな、と期待しつつドキドキしていたら……「てて と むね」と、きっぱり。

手とおっぱい……

え？身体の部分？と思ったけれど、理由を聞くと「ママのてては、さすさす（＝さする）してくれるから」、そして、「ママのおっぱいよりもふんわりとやわらかいものはないから」。……なんとも奥深い。
子どもの論理はシンプルで美しい。

スプーン博士のものしりコラム

「ようこそ、この世界へ！」

「あなたって、いったいどこからやってきたの？」

きっとはじめて誕生したあなたを見たひとが、ある種の感動と驚きをもってこんなふうに自問したことでしょう。

想像してみてください。なにもないところに、ある日、突如、あなたの気配が生まれ、それがやがてはっきりとしたかたちになり、そして、この世にやってきたのですから。

お母さんが、胎児のときにあなたのおばあさんからゆずりうけた一つの細胞が、ある日、お父さんの何百万というおびただしい数の細胞の中の一つと出会って、命が芽生えたなんて、まるで奇跡です。

その日から、細胞は分裂をはじめながら増え続け、三十二日目には、小さなお魚の姿に、その二日後には、鼻が口にぬける両生類の姿に、さらに二日たつと、4億年くらい前に水から陸に上がった原始爬虫類のような姿に、さらに二日後には「のど」が形成されて、肺呼吸する原始哺乳類の姿になります。そして、それから二日後、四十日目に、人に近い姿になります。

つまりこの一週間で、お魚から人間まで、地球の進化が一億年かけてやったことを、あなたは胎内で駆け抜けてきたのです。そうして、胎内での魚の生活に別れを告げて、人間への第一歩を踏み出す第一声が、あの「オギャー」という産声です。

それは、肺の中にいっぱいつまった羊水を吐き出し、人間としての肺呼吸を始める合図。

ようこそ、この世界へ！
こうして、あなたは、魚であることをやめ、人間の世界にやってきたのでした。あなたが、まばたきをしないと目がかわいて痛くなるのは、魚だったころの記憶が残っていることの証拠なんですね。

2. 聴覚 ── 聴く・聞こえる

音は環境から打ち寄せる空気の波。
その波にふれ、環境を知ることが「きく」。
目を閉じ、耳を澄ませてみましょう。
音の中になにが聴こえますか？
音は環境があなたに語りかける
「ことば」なのです。

赤ちゃんはお母さんのおなかの中ですでに聴いています。羊水を通して伝わるお母さんの声や心音を。やがて空気の中に出る時、赤ちゃんは初めて自分から声をあげます。すると、こだまのようにあたたかい声がかえってきます。赤ちゃんはそこで「わたし」があること、「せかい」があることを知るのです。

音やリズムを楽しむ遊び

まねっこお返事

この遊びから何を学ぶ？
注意して「聴く」ためには、かなりの集中力が必要です。よく聴かないとマネできない、マネできないと楽しくない。「楽しい」という実感が、集中力とやる気を引き出すカギです。

「かつまた あきこちゃん」
「はい！」

「か〜つ〜ま〜た〜 あ〜き〜こ〜ちゃ〜ん〜」
「は〜〜い」

新幹線のスピードね
「かつまた あきこちゃん!!」
「はいっっ!!」

アリさんの声ね

「かつまた あきこちゃん」
「はい」

ひとことメモ
バリエーションは無限大です。相手にあわせて、自分を変えること、声の高さ、スピード、雰囲気……などまねっこを楽しむ遊びです。

> **ひとことメモ**
> 「生きている」って、ふだんは気にとめないけれど、身体のいろんなところがそれぞれのやり方で、なんとなくバランスよく働いたり、休んだりしているおかげなんですね。

鼓動を聞きあう

聞いた拍動のリズムを指でトントンと相手に伝える。

トイレットペーパーの芯を耳にあててもいいよ。

> **ひとことメモ**
> 胸に耳をあてられるとドキドキが速くなったり、遅くなったり。
> 2人の関係が今の鼓動をつくるんですね。

ペットボトルマラカス

ひとりでふりふり
ふたりでわくわく
みんなで合奏!

この遊びから何を学ぶ?

「こんなふうにしたいな……」なんてアイデアが形になるのはワクワクするもの。この「音づくり」に失敗はありません。「あれ、思っていたのと違う……」は、次のステージの始まりです。

| どんぐり2つ | ラメとビーズ | 小豆 | 色つきクリップ | 米 | いくつかの小さなポンポンとスーパーボール1つ | 大きめのビーズ |

歌や音楽に合わせてフリフリ!
自分のルールをつくってフリフリ!

おも **ちゃ** の **ちゃ ちゃ ちゃ ちゃ** で音を鳴らそう! …etc.

ひとことメモ
中に何を入れるか、どれだけ入れるかによって、いろんな音が出ます!

第1部 遊びの実践編

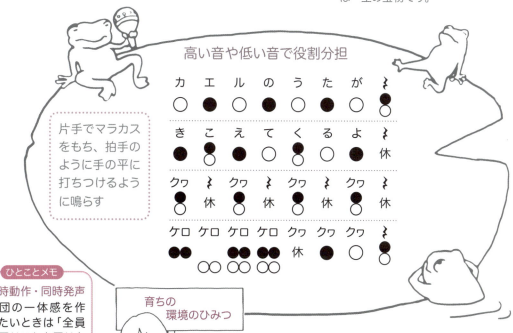

道草ノススメ
――育つ子どもと考えるわたしのひとこま――

一歩、踏み出せば

「今日は波の音を聞いて楽しむだけにするね、手は汚さないよ」と宣言していた4年生の息子。

海岸に着き、しばらくしたら、「あーがまんできない！」と砂浜を掘り始めた。

一歩、そう、一歩だけ踏み出してみたら、予想外の景色が広がるときがある。

そんなときは爽やかに、喜んで方向転換をしたらいい。過去の自分には見えなかったものが見えてきたんだから。

スプーン博士の ものしりコラム

「はじめに音ありき——
誕生前から育つ聴覚」

おぼえているかな、お母さんのおなかの中でのこと。

真っ暗だったね。でも聞こえていたでしょう。お母さんの身体をめぐる血流の音、静かな心拍のリズム。ときおり、外の音も聞こえていたね。

こうして、あなたは、いろいろな音に耳をすましながら、脳を育んできたのです。だから、お母さんのおなかの中で赤ちゃんとして育つ哺乳類は、みんな聴覚をとおして世界とはじめて出会ってきたといってもいいのです。

私たち人間には、聴覚のほかにも、視覚、触覚、嗅覚、味覚などがありますが、聴覚がいちばん早くから、時間をかけてつくられてきたのです。

年老いて、いろいろな感覚が衰えてきても、胎内で聞いて育ってきたリズム感覚と、聴覚だけは、人生の最後の時期まで意識の中に残るといわれています。

私たちが、歌をうたったり、リズムに合わせて音楽を演奏したり踊ったりする行動が、深く心と結びついているのもそのためです。

ですから、たとえ言葉が通じない他の国の人たちとでも、音楽をとおして心を伝え合うことが可能なのです。ゴリラたちが、不思議な歌を歌いながら会話することもわかっているんですよ。

1977年の夏、太陽系・外惑星探査を目的として打ちあげられたNASAの宇宙探査機、ボイジャーに、いつの日にか地球外知的生命体、ＥＴさんに出会うときのことを想定し、地球上のさまざまな音や音楽を録音したレコード盤が搭載されたのも、音こそが、宇宙の共通言語になるかもしれないという思いがあったからです。

生命体にとっては「はじめに音ありき」だったのですね。

3. 視覚── 視る・見える
　　　　　　　み　　み

　　　　　　真っ暗な部屋を手さぐりで歩くときには
　　　　　　「こころもとない」感じがしますね。
　　　　　　でも、そこが光に照らされていれば安心。
　　　　　　わたしたちの「こころ」は光がつくる
　　　　　　情報を受け取り、見通しをもつことで
　　　　　　安らぎ、わくわくするのです。

　　　　　　　　　　　　　　●

　　　　　　まわりの環境を見まわしてみましょう。今の世界
　　　　　　が見えるだけでなく、自分がどこにいるかも見え
　　　　　　ますね。そればかりか、「これから何ができそう
　　　　　　か」、その多様な可能性も見えるでしょう？　わた
　　　　　　したちは光がつくる情報の中に「自分の未来の可
　　　　　　能性」までも見ることができるのです。

目の慣用句

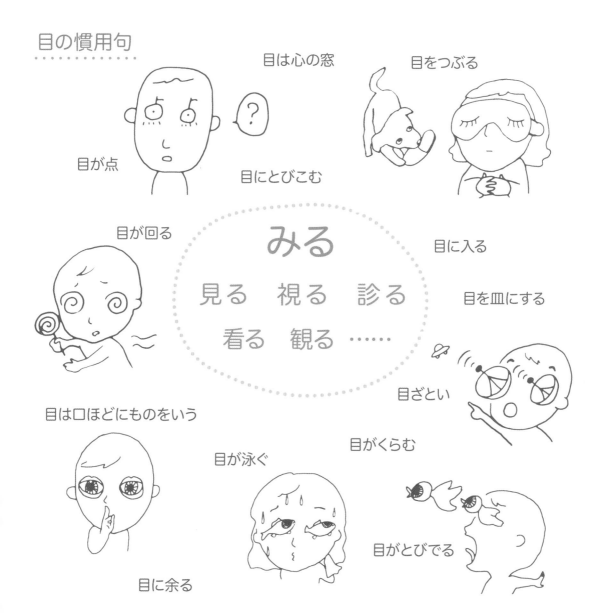

色や形を楽しむ遊び

ティッシュ アート

この遊びから何を学ぶ？
薄いティッシュに水性ペンで点を描くために必要な技は「そーっと」、「ていねいに」。配色やデザインを自由に考えて生み出した作品は心の中をのぞく窓。自分の意外な一面に出会えます。

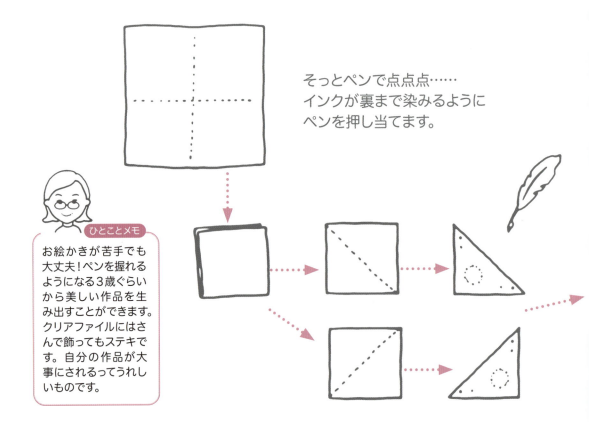

そっとペンで点点点……
インクが裏まで染みるように
ペンを押し当てます。

ひとことメモ

お絵かきが苦手でも大丈夫！ペンを握れるようになる3歳ぐらいから美しい作品を生み出すことができます。クリアファイルにはさんで飾ってもステキです。自分の作品が大事にされるってうれしいものです。

紙コップつみ

この遊びから何を学ぶ?

一つひとつのパーツが大きくて軽い！すぐに大きな作品になり、倒れてきても大丈夫。同じ物を組み合わせて作る色んな形。物をよく観て、空間や構造をとらえることは科学の土台です。

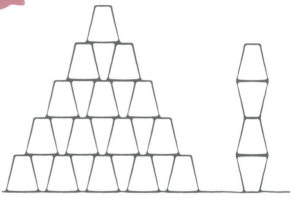

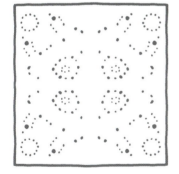

対称の美がステキな作品ができあがります。

ひとことメモ

1人でつんでも楽しい！10個の紙コップを縦に何秒でつめるでしょう。

2人でつんでも楽しい！協力するか競争するか、さらに遊びは無限に広がります。

影絵遊び

ひとことメモ
スマホのスポットライト機能かペンライトがおすすめ。光源が小さくて強い光は影をくっきりさせておもしろいのです。

この遊びから何を学ぶ？
「イメージを形にして名前（言葉）を与える遊び」、「形からイメージして物語をつくる遊び」は、とにかく自由。想像力と表現力が「体」を介してお互いを引き出し合います。

ワンワン

ワタシハ
ウチュウカラキタ
ピピピピ

宇宙人の設定。名づけると、そうみえてくるのが不思議です。

光源のほうに
傾けると
恐竜になるかな。

ひとことメモ
光源から手を遠ざけたり、近づけたり。サイズを変えると新しいストーリーが生まれます。

ウサギやネコ、キツツキなど
両手を使って本格的な影絵遊びも
もちろん楽しいのですが……

ひとことメモ

寝る前は絶好の影絵タイム！

ただ大きく開いた手や
ギュッと握った手に名前をつけて
（たとえば「テッさん」「グー太」など）、
「こんばんは！テッさんです」と
話を創ってみましょう。
きっと楽しい世界が生まれます。

天井は大きな影絵スクリーン。おふとんにあおむけに寝ころがって、上向きにスポットライトをつけて……ショータイム。「今日の晩ごはんはおいしかったかい？」なんて、グー太に聞かれたら、いつもとはちがった会話が広がりますよ。

育ちの環境のひみつ

子どもは「目」で学ぶ
子どもは「目」で学んでいます。だから、環境の中にある秩序を「目に見える」ようにすることが大切。子どもの目に見えるものを意識して環境を構成するのです。子どもをじっと見つめるよりも、子どもが見ている世界を共に見ること。それによって、子どもの心の動きにふれ、世界の美しさにあらためて気づくことができます。

道草ノススメ
―― 育つ子どもと考えるわたしのひとこま ――

虹

「虹だよ、ママ！」と庭で子どもたちがうれしそう。
けれど、部屋にいるわたしには見えない。

「ねぇママ、家の中にいないでさ、でておいでよ。
虹をみにきなよ (^-^)」

子どもたちと同じ場所から、同じ方を向いたら……
ホントだ、虹だ。

キミたちが大きくなって歩む道が離れても、歩みの
向きは同じだといい。そして一緒に虹を見よう。

スプーン博士の ものしりコラム

「世界は太陽の光が
　　　つくりだす芸術」

　真っ暗な胎内から、この世界にでてきたとき、はじめて見る光は、とてもまぶしかったでしょう。

　生まれるということは、闇の世界から光の世界にでてくることなのです。そして、この光の世界で見えてくるさまざまな景色や色のすべては、太陽の光がつくりだす芸術です。

　現在のように人工光がなかった昔は、太陽が沈むと、再び闇の世界に戻ります。それは永遠の静寂を連想させたでしょうから、再び、生まれてくる光の朝を待ち焦がれていたのでしょう。

　暮れては明け、明けては暮れる規則性の中に、絶対なるものの力を感じた人々は、天空の彼方に光としての神を創り出し、やがて、それは宗教を生み出していったようです。私たちが、夜空いっぱいに輝く星たちのなかに、時空を超えた不思議な感覚を抱くのも、そのせいかもしれません。

　私たちが見ている世界の景色は、瞳というレンズを通して入ってくる光が、網膜というスクリーンの上につくりだす映像です。網膜が感知する情報はあくまでも二次元の面情報ですから、私たちが、普段見ている奥行きのある立体映像は、脳が作り上げた仮想空間。もし網膜が3次元構造だったら、4番目の次元である時間が見えたかもしれません。

　しかし、視覚は、一瞬、一瞬の空間情報を記憶に結びつけて、連続的に感知することによって、見えない時間を認識しています。

　視覚は、和音の構成音を聞き分けることができる聴覚と違って、緑色を見ただけで「その中に青が何％、黄が何％」などとは見分けられませんが、個々の情報を分割して認知するというより全体を一括して把握できるのが特徴です。

4. 触覚② ── 触(さわ)る

なにかが見えると赤ちゃんは
それにさわろうとします。
「さわる」は「ふれる」よりも能動的。
環境を自分の中に
取り込もうとする感覚です。
赤ちゃんは手や舌で環境にさわって、
深くわかろうとしているんですね。

自分の手をみてみましょう。そこには他の動物のような「鋭い爪」も「柔らかい肉球」もありませんね。なぜでしょう？ヒトの手は攻撃や移動のための道具ではないからです。ヒトの手は多様なものにさわり、それらを道具として利用することで無限の機能を果たせるように進化してきたのです。

ごつごつ

ちくちく

ふにゃふにゃ　　ほわほわ

ざらざら

サラサラ

ふれる

カチカチ

さわる

ぺたぺた

べとべと

ふわふわ　　とげとげ

ねちょねちょ

すべすべ　　ぬるぬる

きりきり

つるつる　　　カピカピ

感触を楽しむ遊び

ねんど遊び

小麦粘土
片栗粉粘土
紙粘土
つくってみよう！

この遊びから何を学ぶ？

同じ白でも白さが違う！さわり心地が違う！水と出会うとさらに違いが際立ちます。さわった感じが決める「ちょうどいい」。手指に気持ちを集中させて気づく「ちがい」に注目です。

ねちょねちょ
もちもち

ガシガシ
トローン

ダイラタンシーといいますね

ひとことメモ
水の分量、のりの分量は手にくっつく感覚で「ちょうどいい」をみつけてください。

紙粘土の材料 ▶ でんぷんのり　洗たくのり　水

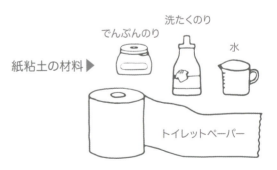

トイレットペーパー

第Ⅰ部　遊びの実践編 —— 46

ポンポン遊び

ポンポンは毛糸で
かんたんにつくれるよ

この遊びから何を学ぶ？

「ふわふわ」を触ると気持ちもふわふわほっこりしませんか。ふわふわをつぶさないよう「そっと」、「やさしく」扱おうとする気持ちが自分自身も温めてくれるのかな、と思います。

あつまると
ふわふわに

**ねらった紙コップに
入れてみよう**

上から落とす

けっこう
むずかしい……

紙コップにいろんなマークを描いて
得点や減点などのルールを自由に
決めると楽しいです。

第1部　遊びの実践編

キャ・キャ・キャッチ！

みんなでわいわい

1人はリーダー（声出し役）。2人が向かいあって、左手で筒をつくり、右手は人差し指だけをのばします。相手の左手の筒にふれないようにひとさし指を入れたところからスタート！
リーダーが「キャ・キャ・キャ・キャッチ！」と言ったら、右手はにげて、左手はつかみます。つかんだほうが勝ち！

この遊びから何を学ぶ？

「ルールを守る」の出発点は「強制＝守らなきゃいけない」ではなく、「意志＝守ると楽しい！守りたい！」。「おなじ」と「ちがう」の両方を楽しむ心は毎日をもっと楽しく彩ります。

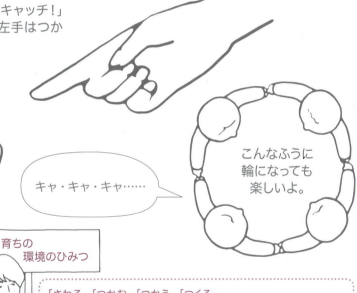

キャ・キャ・キャ……

こんなふうに輪になっても楽しいよ。

育ちの環境のひみつ

「さわる」「つかむ」「つかう」「つくる」
ヒトは手を使うことで進化しました。だから、手を使える環境は子どもが「人間らしく」育つうえで重要です。「手は外に突き出た大脳」。手を使うことで子どもは多様な能力を開花させていきます。「さわる」「もつ」「つかう」「つくる」、そうした多様な手の活動が十分に行える環境が子どものまわりにあるでしょうか？

道草ノススメ
——育つ子どもと考えるわたしのひとこま——

百日草

7月から気になっていた百日草。ホントに100日くらい咲くんだーと思った10月のある日、そーっと花びらに触れた娘が「わ!! ママ、これは大変!さわってさわって!」と目を丸くしていたので、わたしもそーっと触ってみると……か、かたい! なるほど、これは長く咲ける!

自分の手で触るって大事。
これを「予想外」だと感じたのは「花びらは柔らかくてしっとりしている」と思い込んでいたせい。

触ってみて初めてわかることってたくさんあるなと考えながら、保育園までの道のり、朝の20分の「かけがえのなさ」に改めて思いを馳せる。
これも、経験してわかったこと。

毛糸玉人形

テレビで観た「毛糸玉人形」の簡略版。楽しすぎて30分も遊んでしまった……この忙しい朝に。
この「人形」は、何でもないから、何にでもなれる。
これこそが万能。

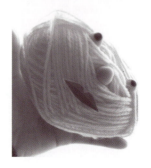

スプーン博士の
ものしりコラム

「ふわふわ　もぞもぞ
触覚と音がくっついたオノマトペ」

　お母さんのおなかのなかで、指をくわえておっぱいを飲むおけいこをしていた日のこと、覚えていますか。

　胎内では、生きていくための栄養はすべて胎盤から送られてくるのですが、哺乳類の場合、胎外にでてきたら、食物摂取のためにおっぱいを探さなくてはなりません。

　そのおっぱいの位置を確かめるためにも、おっぱいの感触をおなかの中にいるときから学んでおくことが必要なのです。それが触覚の基本です。たがいに体を寄せ合ったりすることで安心する理由もここにあります。

　さて、この触覚に代表される感覚と音が結びついたものが、"オノマトペ"（擬態語、擬音語）といわれる特殊な言葉です。それは、あるものの様子や心の動きを人間の音声で模倣したり、外界の音を人間の音声で模倣したりする言葉のこと。

　実は、世界の言語の中で、一番、この言語が多いのが日本語です。総語数およそ50万語のなか、その1％がオノマトペだといわれています。

　そこには、聞こえない音を聞いているかのような趣があって、通常の言葉では表現できない気配まで表現できるのが特徴です。

　表面の感触だけをとりだしてみても、さらさら、ざらざら、つるつる、ぬるぬる、ねっとり、などと、とてもリアルです。

　季節の連続変化が特徴的な日本ならではの繊細な感覚表現です。

5. 味覚と嗅覚 ── 味わう・嗅ぐ

「甘」「旨」「塩」「酸」「苦」という
5つの味のもつそれぞれの役割。
「あまい」は炭水化物、
「うまい」はアミノ酸、
「しょっぱい」はミネラル、
「すっぱい」は腐敗物、
「にがい」は毒物、というメッセージです。

最初の3つは必須の栄養分なので本能的に好まれますが、後の2つは避けるべき物質のため本能的に危険を感じてしまいます。だから、苦手な子が多いのです。食べることはこのように「喜び／危険」が隣り合わせ。そのため、食べる前に安全かどうかを見分ける感覚、味覚や嗅覚が進化してきたのです。

ひとことメモ

「ピリ辛あじ」なんて言いますが
味覚を味蕾が受け取る感覚と定義する場合、「辛味」を痛覚で感じているとして五味には入れないという考え方もあります。

基本五味〈日本味覚協会〉
酸・苦・甘・旨・塩

味を楽しむ遊び

スープの中身あて

この遊びから何を学ぶ？
ふだん何気なく使う「いいにおい」。「におい」だけに集中するとわかることがいっぱい。ついとおり過ぎてしまう日常の中に隠れている幸せが、見つけてもらうのを待っているかのようですね。

スープの中味をにおいで当てよう！

味の色・味の形を描いてみよう！

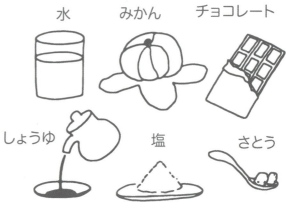

水　みかん　チョコレート

しょうゆ　塩　さとう

ひとことメモ
においや味を色と形で表現すると、どんな絵が描けるでしょう。

第1部　遊びの実践編

いろんなだしの味と香り

かつお節

水が沸騰する直前にかつお節を加える。1分で火を止め、ザルでこす。

にぼし

頭と腹わたをとって、水に30分浸す。それを火にかけて沸騰したら弱火で10分煮出す。

こんぶだし

水に30分浸す。火にかけて沸騰直前でこんぶを取り出す。

しいたけだし

水に3〜5時間浸す。

あごだし

これはどうかな?

きのこ
しいたけはだしがでる。えのきは?エリンギは?

海藻
こんぶはだしがでる。ワカメやヒジキは?

ひとことメモ

おいしいだしのとれるたべものは干した食材!風にあてたり、太陽にあてたり……。干すと水分がぬけて旨味がぎゅっと濃くなるんですね。

育ちの環境のひみつ

「楽しく食べる」ことが「食育」
食事は「がんばって食べる」ものではなく、「楽しく食べる」もの。「偏食矯正」は「食育」ではありません。子どもの方が味覚・嗅覚は鋭敏ですし、好き嫌いがあることは道徳的な「悪」ではなく「好み」の問題ですから。「共に食事を楽しむこと」は人間的な文化。「楽しく食べる」ことが一番の「食育」になります。

ぼくたちは?

スプーン博士の ものしりコラム

「目に見えない匂いが
　　かたちをつれてくる」

「におい」って不思議ですね。それは脳の深いところに記憶されている感覚です。

嗅覚も味覚と同じように、生きるためには食べなければならない食物が、安全なのか危険なのかを見極めるために必要な働きをしています。イヌやネコも、食べる前に必ず、匂いを嗅いで、安全をたしかめていますよね。

胎内での栄養補給は、すべて胎盤を通しているので安全を確かめる必要はありませんが、生まれた後は、自分で食物を選別しなければなりません。生後、急速に発達する感覚です。それは、周囲の状況を把握することにも使われます。嗅覚はとても根源的な感覚なのです。

昔、住んでいた家のにおいや、身近にいた人がつけていた香水の香りなど、その香りで当時のことを鮮明に思い出すことがあります。目には見えない匂いが、見えるかたちを連想させ、かたちのないものにかたちを与えるのです。

また、匂いは、他の器官と同じように、脳でつくられますから、現実の匂い物質が嗅覚を刺激しない場合でも、仮想的な匂いを感じることもあります。頭を打ったときなど、きな臭い匂いを感じたりした経験はありませんか。ということは、自分の好きな匂いをかぎながら心地いい風景をみておくと、辛いときなど、そのときの香りでその風景を思い浮かべることができ、辛さが軽減されることもあります。

平安貴族たちが、自分の香りを調香することによって、自分を香りで演出することに努めていたというのもうなずけますね。匂いの不思議です。

音に音階があるように、匂いにも香階がつくれますから、香りの音楽をつくってみるのもいいかもしれません。

おかし

いたずらに一つかくした
弟のおかし。
たべるもんかと思ってて、
たべてしまった、
一つのおかし。

かあさんが二つッていったら、
どうしよう。

おいてみて
とってみてまたおいてみて、
それでも弟が来ないから、
たべてしまった、
二つめのおかし。

にがいおかし、
かなしいおかし。

金子みすゞ著 矢崎節夫選『金子みすゞ童謡集 わたしと小鳥とすずと』
JULA出版局 1984年

「イチゴ味もメロン味も　シロップは同じ味?」

　味覚って不思議ですね。
　大正から昭和の初期にかけて活躍した日本の天才的童謡詩人の金子みすゞの作品の中に「おかし」というタイトルの詩があります。
　おやつにもらったお菓子があまりにもおいしかったので、つい弟の分も食べてしまった同じお菓子がにがくて、悲しかったという内容です。
　客観的には変わるはずのない味が、そのときの気持ちによって変わってしまう……。
　分析科学の立場からいえば、味覚には、甘い、辛い、酸っぱい、苦い、など、基本的味覚を感じる細胞があるのですが、その情報が脳に伝えられるとき、心の状態によって、いかようにでも変わってしまうというのですね。
　私たちが、脳で感じる情報は、単純な電気信号でしかないのですが、それらが統合されることによって、さまざまな感覚を呼び覚まします。情報Aが情報Bと重なると、結果はA＋Bではなく、まったく別のCやDに変移してしまいます。二つの異なった薬効を持つ薬を一緒にすると、まったく違った薬効がでる「シナージー効果」そっくりです。
　味覚とは、生きるために必要な食物が、安全なのか、そうでないのかを確かめるのに必要とされる感覚だと考えられています。
　うしろめたい気持ちが、食べても安全な食物の味を、危険な味にしてしまうなんて不思議ですね。いったい、誰がそんないたずらをするのでしょう?
　かき氷屋さんによると、イチゴ味もメロン味もシロップは同じ味。色と匂いだけを違えるのだそう。感覚器官は入り口にすぎず、すべては心の仕業なのですね。

6. 第六感 ── 気(き)づく・察(さっ)する

何かを予感することを「虫の知らせ」と言います。昔の人は人知を超えた「虫」がからだのなかにいると考えたのですね。
このように、わたしたちは、意識よりも深い部分でかすかな気配に気づくことができます。

このほかにも「腹の虫がおさまらない」「虫の居所が悪い」など、「虫」にまつわる多数の言い回しがあります。これは自分の中に、自分を超えた世界に直接に感応する部分があることを示しています。わたしたちはこのように自覚的・言語的な意識よりも深い部分で世界とつながっているのです。

気配を感じとる遊び

この遊びから何を学ぶ？

「思いやり」は相手に「思い」を「遣る」こと。その「思い」が自分本位であれば「思いやり」ではなく「おしつけ」です。お互いを思いやり、共感し合いつつ尊重し合うこと。それを無理なく自然におこなうこと。これが誰かとともに愉快に生きるための秘訣です。

第1部 遊びの実践編

てんぐのはな

「うーっぽん」のかけ声で、顔の4か所のどこかへ移動します。

ルールはいろいろ。
みんなで遊ぶときはリーダーを決めて、リーダーの手の位置と同じになったらリーダーの勝ち。
2人で遊ぶときは、お互いの手の位置がそろったら「イエイ！」とハイタッチする。などなど

テレパシーごっこ

向きあって「好き」「大好き」など伝えたいことを念じましょう。「何て思ったでしょうか？」からうれしい会話が始まります。

だれかに向かって話しかける

ねえねえ、こっち向いて！

Eさんは背を向けている人のだれか1人に向かって声をかけます。話しかけられたと感じた人はEさんのほうを向きます。

参考●竹内敏晴『教師のためのからだとことば考』筑摩書房 1999年

育ちの環境のひみつ

発見は「！？」からはじまる

「考える」ことは「！？」という「驚き」や「気づき」から始まります。「！？」に気づくと「どうなっているの？」と問いを立て、「こうしたらこうなるかも」と探求し、「あ、そうか！」と新しい発見につながるのです。子どもが感じている不思議を一緒に感じてみませんか。今まで気づかなかった世界の美しさに気づけますよ。

道草ノススメ
―― 育つ子どもと考えるわたしのひとこま ――

あこがれ

小1の夏休みのある日、「じつはおにいちゃんにあこがれて、れんしゅうしたんだ。ふうせん、つくりたくてさ」とガムをかみながら娘がはにかむ。

……「あこがれ」という言葉のみずみずしさと眩しさに少し戸惑いながら、自分は子どもたちに「こうなってほしい」と願う生き方をしているのだろうか、と考え込んだ。

「あこがれ」こそが主体的な学びの原動力なのに。

スプーン博士の ものしりコラム

「見えないものを見るために」

　私たちは、外界と、五感を通してふれあっています。視覚は、ものを見るために、聴覚は聞くために、味覚と嗅覚は、生きるために不可欠な安全でおいしい食物を摂取するために、触覚は、他者とのきずなを深めるためにあります。

　そして、それらの器官から入ってくる情報のすべては、脳に伝えられ、そこで構築され、意識化されます。ですから、それぞれの感覚器官から入ってくる情報は独立していても、脳の中で合成されることによって、新たな感覚が生まれることになります。青と黄色を混ぜると、青でも黄色でもない緑色になるように。

　そこから生まれてくるのが第六感なのかもしれません。気配と言い換えてもいいですね。それとなく、なんとなく感じるという感覚。

　その特徴は、「何かいつもと違う」という感覚で、脳の無意識の領域に蓄えられていたこれまでのたくさんの経験が、なにかの拍子に意識の世界に浮かんでくる現象です。

　私たちの脳は、通常の機械にはない、不思議な柔軟性をもっていて、全く新しい感覚に変容する力を秘めているようです。生物体だけがもつ神秘的な自然の力です。

　そして、この第六感は、出会うものすべてに驚きのまなざしをもって関心を示すことによって養われることもわかっています。

　年齢を重ねていくと、体の運動能力の低下とは逆に直観力が研ぎ澄まされていくのも、第六感のひとつの側面です。豊かな人生経験が脳の中に蓄えてきたたくさんの記憶がもとになって直感的なひらめきが生まれるのでしょう。

ぼくは世間からどう見られているかはわからないけど
自分自身は、ずーっと砂浜で遊んでいるただの子ども
みたいなものだと思ってる。
今も昔も、普通よりちょっとつるつるな小石や
ちょっと煌めく貝殻を見つけて楽しんでいる子どもだよ。
そんなふうに遊んでいるあいだもずーっと
真理の大海原はぼくの前に、手付かずのまま
広がっていたし……今もそうなんだよ。

アイザック・ニュートン
訳：勝間田明子

I do not know what I may appear to the world,
but to myself I seem to have been only like a boy
playing on the seashore, and diverting myself
in now and then finding a smoother pebble or
a prettier shell than ordinary, whilst the great
ocean of truth lay all undiscovered before me.

写真撮影：佐治晴夫 (64,68,70,72 ページ)

スプーン博士の
詩人の目・科学の芽

はちと神さま

はちはお花のなかに、

お花はお庭のなかに、

お庭は土べいのなかに、

土べいは町のなかに、

町は日本のなかに、

日本は世界のなかに、

世界は神さまのなかに。

そうして、そうして、神さまは、

小ちゃなはちのなかに。

金子みすゞ著　矢崎節夫選『金子みすゞ童謡集　わたしと小鳥とすずと』
JULA 出版局　1984年

みなさんは、樹木を注意深く見たことがありますか。

大きい幹から小さい枝がY字形に分かれています。小さい枝からは、さらに小さい枝がでていますが、その分岐もY字形。もっと小さい枝には葉っぱがついていますが、その分岐もY字形。葉っぱの中には養分をいきわたらせる葉脈がありますが、この分岐もY字形。

大きい部分から小さい部分まで、すべてがY字形の重ね合わせだなんて、不思議でしょう。

原子から宇宙まで、基本的構造はそっくり。部分は全体を映し、全体は部分の姿を映しています。これを数学では「フラクタル」と呼んでいます。はちの中に神さまを見るというのも同じこと。

この詩のすばらしさは、詩人の感性と科学の心が見事に交差しているところにあります。この「フラクタル」という性質は、ものの形だけではなく、生物の進化や人間の成長など、時間についてもいえること。

あなたが胎内で小さな細胞から育ってきたプロセスは、地球の進化の中で、物質から生命が誕生するプロセスがそのまま時間を早めて再現されていたのです。

あなたの一生とは、宇宙時間を生きることなのですね。

「わたし」っていったい誰なのでしょう。
　鏡に写っているのは、上下は同じでも、左右が反対の顔。写真を注意深く観察してみても、そこに見えるのは、小さな点の集まりです。自分のほんとうの顔をけっして自分では見ることができません。

　学校で授業を受けているときのわたし、お友達と楽しいひとときを過ごしているときのわたし。夜、ベッドの中で夢の中をさまよっているときのわたし。どれがほんとうの「わたし」でしょう。

　私たちの体は、およそ数十兆個の細胞からできているといわれています。しかも一晩で、その1％、すなわち数千億個の細胞が新しく入れ替わっているのだそう。

　つまり、物質という立場から考えると、昨日のわたしと今日のわたしは別人です。なのに、どうして、わたしはわたし、あなたはあなたでいられるのでしょうか。

　その答えは、あなたは、あなたからできているのではなくて、あなたではないもの、周りとの関わりであなたになっているということです。あなたをあなただと認めてくれる他者がいてこそ、あなたになれるのです。

すべてのみえるものは　みえないものにさわっている
きこえるものは　きこえないものにさわっている
感じられるものは　感じられないものにさわっている
おそらく　考えられるものは　考えられないものにさわっているのだろう

　　　　　　　　　　　　　　　　ノヴァーリス『断章』
　　　　　　　　　　　　　　　　　　　訳：佐治晴夫

あなたは、真昼の星を見たことがありますか。よく晴れた日に望遠鏡で空を見上げると、青いキャンバスの中で、まるで、ダイヤモンドの炎が飛び散っているかのような情景を見ることができます。真昼の星です。

　昼間だからといって星がないわけではありません。太陽光に遮られ、弱い星の光は見えないだけ。望遠鏡が、その弱い光を大きなレンズですくいとって、あなたの瞳へとつれてきてくれれば見えるのです。

　今、あなたが読んでいるこの本の1ページは紙でできていますね。紙は何からできていますか。そう、植物から取り出したパルプです。

その植物は、水がないと育ちません。水はどこからきましたか。雨ですね。雨は誰が降らせましたか。雲ですね。雲をつくったのは太陽の熱エネルギーです。

　この一枚の紙の中に、たくさんの「見えない」ものがつまっているんですね。見えるものは、見えないものにつながっていて、だからこそ、一枚の紙の中に、雨音を聞き、雲や太陽を感じるといっても、それは詩人の感性からだけでの表現ではなく、科学の目だといってもいいのです。

みなさんは、この広大無辺な宇宙の中で、ただ一人のかけがえのない存在です。

といっても、自分ひとりでは存在することはできず、周囲の環境や他者とのかかわりの中でしか生きていけない存在。相互存在です。

そのことをひっくりかえして考えれば、宇宙の根源的性質として、部分は全体を反映し、全体は部分の中に投影されているという「フラクタル」性があるのですから、あなたは、宇宙の中でかけがえのないただひとつの存在であると同時に、宇宙そのものとしての唯一無二の存在だともいえるわけです。

第Ⅱ部
学びの理論編 ──生きるとは対話をとおして学ぶこと──

考えてみよう!

いきいきと「生きる力」の基礎は
どのように育つのでしょうか。
とくにここでは
「環境のアフォーダンス」を中心に
その考え方を学びます。

第1章 「遊び」と「アフォーダンス」
第1節 「遊び」ってなに？

> この本の前半ではいろいろな「遊び」を紹介してきました。保育や幼児教育では、子どもの「遊び」の中に「学び」があると言われていますが……。

> ええ、子どもにとって、なぜ「遊び」が「学び」になるのか、そこを理論的に考えていきましょう。

> おてやわらかにお願いします。

> 理論といっても難しくはないんですよ。「理論」というのは「翼」みたいなもので、自由に「飛ぶ」ためにあるんです。遊びや環境の理論をまなべば、誰もがそれぞれの場所で子どもと共に自由な実践を生み出すことができるのです。

はじめに、「遊び」とはどのようなものかお話しいただけますか?

そうですね、まず「遊び」という言葉の意味から考えてみましょう。たとえば、「ハンドルの遊び」という言葉があるでしょう。

あの、ちょっとゆとりというか……すきまがある感じですね。

ええ、「遊び」とは、部品と部品の結びつきがキツすぎず、適度な「ゆとり」があることですね。人がおこなう「遊び」もそれと同じです。つまり、「人と環境との結びつき」がキツすぎず、「ゆとり」があることが「遊び」ですね。

人と環境の結びつき……。もう少し具体的に教えてもらえますか?

たとえば、このえんぴつを例に考えてみましょう。このえんぴつで「遊ぶ」としたら、何をしますか?

すぐに思いつくのは、こんなふうに自由に絵を描くことかな。

ええ。でも、そのときに描くものや描き方があらかじめ決められていたらどうでしょう。「ゾウを描きましょう。まずこう描いて、次に……あ、それはダメ!ちがう!」などと言われたら?

そんなふうに誰かからコントロールされると「遊び」がなくなり、楽しさが消えていく感じがします。

そう、「遊び」は命令や強制より、自由とつながっています。ところで、このえんぴつでできるのは「かくこと」だけですか？

あ……そう言われてみると、子どもの頃はえんぴつの端に1から6までの数字を書いてサイコロのかわりに「ころがす」ことや、こんなふうに指の上で「まわす」こともしました。

そうそう、まだまだたくさんのことができますよね。わたしたちは「えんぴつ＝かくもの」と考えがちですが、じつはえんぴつにひそむ可能性は無限なんです。

えんぴつに可能性が……隠れている？

はい。えんぴつとわたしたちの結びつき方の「無限の可能性」と言えばいいでしょうか。えんぴつがわたしたちの具体的な行動と結びついてどのような意味をもつか、そのバリエーションは無限にあるということです。

わー！　無限！！

しかも、その「無限の可能性」はわたしたちの「頭の中」ではなく「えんぴつの中」あるいは「環境の中」にあるんです。その「無限の可能性」を楽しみながら探していくのが「遊び」なのです。

第Ⅱ部　学びの理論編

ちょっとまってください。
えーと、「無限の可能性」は、「環境の中」に隠れている?
つまり、わたしたちのほうが思いつくものではないと……?

はい、そこが重要なポイントです。
「無限の可能性」がそれぞれの「頭の中」にあると考えると、「遊び」は一人ひとりの勝手な思い込みと区別できません。

なるほど。

けれども、その「無限の可能性」は「環境の中」にあり、わたしたちはそれをみんなで探し出していると考えれば、「遊び」はみんなが共有できる「現実の新たな意味の発見」になります。

「現実の新たな意味の発見」とは、ひらたく言えば、なにかが「わかること」や「できるようになること」になりますか?

おっしゃるとおりです。それはまさに「学び」そのものですよね。

なるほど、だから「遊び」が「学び」につながるのか!
おとなは「現実から離れるために遊ぶ」ことがありますが、子どもは逆に「現実を学ぶために遊ぶ」ということですね。

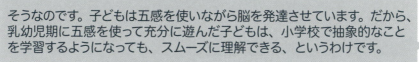
そうなのです。子どもは五感を使いながら脳を発達させています。だから、乳幼児期に五感を使って充分に遊んだ子どもは、小学校で抽象的なことを学習するようになっても、スムーズに理解できる、というわけです。

これはたとえば、机に向かって割り算の勉強をする前に、5つのミカンを3人で平等に分けるにはどうしたらいいか？という体験をしておくことが大事、ということですよね。

はい、そうした抽象的概念の理解を支えているのは、じつは感動をともなった豊かな実体験の土台です。その土台が小さいうちに「文字・数」などの抽象概念を教えてもバランスが悪くて崩れてしまうんですよ。

学力を育てる4つのブロックのバランス

実体験が少ないとなんだかグラグラ！

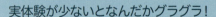
そうなんです。豊かな実体験をとおしてその土台を大きく育てた子どものほうが学校の勉強でも伸びることがわかっています。

「遊び」は、現在と未来の両方を豊かにするんですね。

第Ⅱ部　学びの理論編

第2節 「アフォーダンス」でつながろう

 ところで、「遊び」の中の「学び」を支えている環境の「無限の可能性」には名前があります。

 おお、どのような名前ですか？

 「アフォーダンス（affordance）」といってアメリカの心理学者ジェームズ・ギブソンがつけた名前です。

 アフォー……ダンス？

 ダンスといっても踊りではないんですよ。「アフォーダンス」とは英語の動詞「アフォード（afford）」からギブソンがつくった名詞です。「アフォード」という動詞の意味はご存知ですか？

 たしか、「○○の機会をあたえる」というような意味でしたっけ……

 そうです。"This lake affords fishing" と言えば、「この湖では釣りができる」という意味になります。

 ふむふむ。

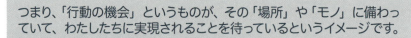
つまり、「行動の機会」というものが、その「場所」や「モノ」に備わっていて、わたしたちに実現されることを待っているというイメージです。

場所やモノが、まるで「〇〇をしようよ！」って呼びかけている感じ……かな。

イメージとしてはそんな感じです。ちょうどそれと同じように、子どもは「遊び」を通して、この世界で「なにができるのか」を学びながら、同時にその可能性を実現できる力を身につけているのです。

おもしろい見方ですね。どうしてギブソンはわざわざ「アフォーダンス」という言葉をつくったのですか？

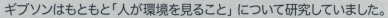
ギブソンはもともと「人が環境を見ること」について研究していました。

えーっと（スマホでギブソンを検索して）、1904年生まれだから、生きていたら100歳を超えているおじいちゃんだ！

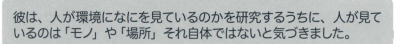
彼は、人が環境になにを見ているのかを研究するうちに、人が見ているのは「モノ」や「場所」それ自体ではないと気づきました。

え？では、なんだったのでしょう？

人はそこで「自分になにができるか」という「行動の機会」を見ていることに気づいたのです。

第Ⅱ部　学びの理論編 ——— 80

？？

言い換えると、モノや場所と自分との「関係」を見ているということです。

　？？？（……関係を見る？）

では、たとえばこの部屋の中で勝間田先生が「座れる」と感じる場所はどこですか？

この部屋の
すわれるところ？

　この椅子やソファーはもちろん「座れる」ように見えます。それから……座ろうと思えば机や床にも座ることができます。

そうですね。ぼくはもっと高い棚まで座れるように見えますが、それはぼくの背が高いからです。すると、「アフォーダンス」はそれぞれの人の主観的な印象のようにも思えますが、そうではありません。

　主観的な印象ではないとすると、なにか法則みたいなものがあるんですか？

はい。それぞれの人の股下の長さとの比率を測ってみると、「座れる」と判断した面の高さはどれも股下の 0.8 倍以下なのです。つまり、「座るアフォーダンス」は「股下の長さの 0.8 倍以下の面」に見えるわけです。

へえ！座れると感じたのにはちゃんと理由があったんですね。

そんなふうに、ギブソンは環境と自分を切り離しては考えられないことに気づきました。そして、環境が備えているそうした「行動の機会」に「アフォーダンス」という名前をつけたのです。

なるほどー。

そして、人は環境の中に多様な「アフォーダンス」を見て、それを利用しながら行動しているわけです。

さきほどの「えんぴつの可能性」っていうのは、このことだったのですね。

そうです。重要なのは、環境内のさまざまな「面の配置」と「身体との比率」であって、それを背の高さに関わらず共通に見ることができ、そこに「アフォーダンス」があるわけです。

あ、そうすると「アフォーダンス」というのは、「モノそのもの」というよりは、「モノ」と「その人」の"あいだ"にあるということになりますか？

第Ⅱ部　学びの理論編

はい！わたしたちは日々そのメッセージを受け取っているわけです。

……それならば、まったく新しい環境、つまり、見慣れたモノがないところでも、わたしたちは「アフォーダンス」を見つけられるということに……？

そうです、「アフォーダンス」は「モノの名前」よりもリアルな存在です。たとえば椅子がなくても「座るアフォーダンス」は見つけられますよね。これまでお話ししてきたように、「座るアフォーダンス」は椅子だけに備わっているものではないからです。

床にも棚にも、いろいろなところに「座るアフォーダンス」がありました。アフォーダンスについて考えることは、自分と世界とのかかわり方を見つけたり、モノや自分の可能性を拓いていったりすることにつながるのですね。

おっしゃるとおりです。

なんだかワクワクしてきました！

生きることは「世界とのダンス」のようなものです。世界はぼくらに「アフォーダンス」という「手」を伸ばしています。その手をしっかり握り、ほかの人や生き物たちとつながりながら、楽しく、美しいダンスを踊ること。それがより良く生きるということなのです。

第2章　子どもの発達のヒミツ

第1節　発達の道筋は1本ではない？

そういえば、息子が2歳になった頃、たくさんの「積み木」を床に並べながら「おうち、つくる！」と言ったのでびっくりしました。

積むよりも「並べたこと」に驚いたわけですね。

今思えば、わたしは「積み木」という名前から「積む」アフォーダンスを見ていたのですが、息子は「並べる」アフォーダンスを見ていたんですね。

積み木という1つのモノの中にも無限の可能性＝アフォーダンスが隠れています。それがだんだん見えるようになり、自分の行動を通して実際にその可能性を実現できるようになることが「発達」の過程だと言えるでしょう。

それから2か月くらいたったときには、息子は「並べる」より「積む」ほうが好きになっていました。

それも重要なポイントです。「並べる」よりも「積む」ほうが難しい行動ですよね。子どもは最初のうち、「できるようになったこと」を「遊び」の中で思う存分繰り返します。

たしかに、子どもは繰り返しが大好きですね。

 ええ、繰り返すうちに別の可能性＝アフォーダンスが見えてきて、今度はもっと難しいことに挑戦することが新たな「遊び」になります。

「遊び」の中に「挑戦すること」が含まれているのですね。

 はい、興味をもった環境に繰り返しかかわって、「遊び」の中で自分の力を発揮することが「発達」の過程を進める原動力になるんです。

 なるほど！よく飽きずに同じことをするなぁと思って子どもたちの遊びを眺めているのですが、それは発達にとって大事なことだったんですね。

 新しく獲得しつつある力を十分に発揮できる環境があれば、わざわざおとなが教えなくてもその次の挑戦への道が見えてきます。

「遊び」の力ってすごいですね。

 人類の歴史を考えてもわかりますが、わたしたちは最初から環境のすべてのアフォーダンスが見えているわけではありません。

 あ、石を磨いてナイフにしたり、お金にしたり……と時を経て、石と組み合わせるモノの種類や技術が増え、石の用途も多様になりました！

そう、環境に自ら働きかけ、環境とのつながりが広く深くなるにつれて、どんどん新しい可能性が見えるようになり、どんどん自由に行動できるようになっていきます。それが人類の歴史であり、われわれ一人ひとりの「発達」でもあるのです。

なるほど。でも逆に、可能性が「見えていても、それを実行しない」というか…そんな「発達」もありませんか？

と言いますと？

たとえば、積み木なら、2歳くらいで「投げる」が見えるようになるけれど「やってはいけないこと」とわかれば投げなくなりますよね。

ああ、それももう1つの重要なポイントです。「発達」は単純な1本道ではなく、少なくとも2本以上の道が絡み合っています。この図をご覧ください。

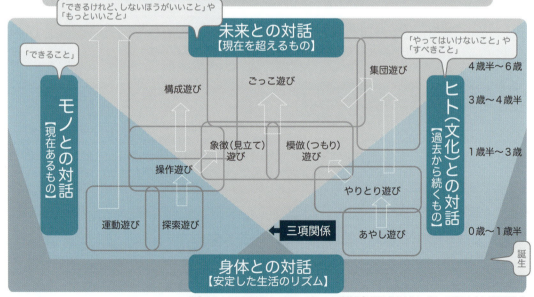

出典●高山静子『環境構成の理論と実践』と加藤繁美『対話的保育カリキュラム』の図をもとに細田が作成

一方には「できること」がどんどん見えてくるという道があり、もう一方には「やってはいけないこと」「すべきこと」が見えてくる道があります。

 図の左と右の部分ですね。

 その2つの道の重なるまんなかのところにあらわれるのが「できるけれども、しないほうがいいこと」や「もっといいこと」が見えてくる道です。

 図を下から支えているような「身体との対話」とはなんですか？

 「身体との対話」とは「睡眠－覚醒」のリズムや「空腹－満腹」のリズムなど、基本的欲求にかかわる領域です。

 保育で「養護」と呼ばれている部分ですね。

 そうです。ポイントは「安定した生活リズムをつくること」。子どもが眠くなったり、お腹がすいたり、おむつが濡れたりして「不快」になったときに丁寧なケアによって子どもを「快」の状態に誘うことです。

 養護は乳幼児の育ちの土台です。

 身体の「快－不快」のリズムを人とのかかわりによって心地よく整えていくことが重要です。丁寧なかかわりによって生活－身体のリズムが安定すると、子どもは人への信頼感と環境への興味関心を高めていき、外の世界との対話がはじまるのです。

「モノとの対話」と「ヒトとの対話」が途中から重なり、「未来との対話」という部分がどんどん広がっていますね。これはなにを意味していますか？

ええ、子どもは「モノとの対話」をとおして「できること」がどんどん見えてきて、「ヒトとの対話」をとおして「ヒトとのかかわり方」をまなんでいきますが、最初のうち、この2つは別々の「窓」なのです。

あ、子どもの中では2つの「窓」はつながっていないのですか？

はい、モノにかかわるときにはモノの窓だけ、ヒトにかかわるときにはヒトの窓だけが開いています。それを図中では分けて表現しているのです。

発達にはこんなふうに、そのときどきの段階があるということですね。

第2節 「三項関係」が発達の鍵

ところで、2つの対話の重なりのはじまりのあたりに「三項関係」と書かれていますが、こちらは？

はい、生後9か月〜10か月頃になると、「モノとの対話」と「ヒトとの対話」という2つの窓がつながり、同じ窓の中で両方に同時に注意を向けられるようになります。それが三項関係です。「わたし」と「モノ」と「ヒト」の三項が結びついた、という意味です。

三項関係のイメージ

 育ちの大きな一歩ですね。

 ここからまさに"「できるけれど、しないほうがいいこと」や「もっといいこと」が見える力"の発達にかかわる領域がスタートするのです。

 そういえば、この頃の子どもって、言葉は出なくても「指さし」がわかってきますよね。おとなと同じモノを一緒に見たり、なにかをするときにおとなの顔を見たり。

 ええ、そんなふうにおとなの顔を見ることを「社会的参照」といいます。「視覚的断崖」という実験装置をつかえば、9か月前後の赤ちゃんにこの「社会的参照」の力が育ってきていることがよくわかります。

● 「視覚的断崖」を使った「社会的参照」の実験とは
①赤ちゃんから見て「崖」のように見える場所にはじつは透明なガラスがあるので実際には落ちずに渡れます。
②ハイハイをしている赤ちゃんがその崖まで来ると立ち止まり、お母さんの表情を見ます。「落ちそうですけれど、大丈夫ですか？」と聞いている感じですね（これが社会的参照）。
③そのときにお母さんが笑顔ならば、赤ちゃんはその崖を越えてガラス板の上をハイハイして進みます。ところが、お母さんが不安そうな表情をしていると、それ以上は進みません。

お母さんの「表情」を情報にして、そのアフォーダンスを利用すべきかどうかを判断しているのですね。

これがさきほど説明した「モノへの対話」と「ヒトへの対話」が重なる領域において、「できるけれど、しないほうがいいこと」や「もっといいこと」の知覚が発達していく場面なのです。

赤ちゃんも日々学んでいるのですね。

身近な人の表情やふるまいによって環境の新たな可能性が見えてきたり、可能性としては見えているんだけれど、しないほうがいいんだなと気づいたり。そうした発達は、このような「わたし—モノ—ヒト」の三項が結びついた「三項関係」の場面で発達していくのです。

ふう、ちょっとむずかしくなってきましたが……
次は、そんな「子どもの発達を支える」ために、「おとなはどんなふうに子どもとかかわるといいか」をお話しください。

そうしましょう。

第3章　子どもがすくすく育つ環境のために

第1節 「遊ぶ／学ぶ」力を伸ばすおとなのかかわり方

子どもの「遊び」に対して、おとなはどのようにかかわっていけばよいのでしょうか。

子どもの「遊ぶ／学ぶ」力を伸ばすうえで、おとなのかかわり方は重要です。子どもは生まれつき「学びに向かう力」をもっているのですが、それを伸ばせるかどうかはおとなのかかわり方にかかっていると言ってもいいでしょう。

おとなの責任と言われると、ドキっとします。ポイントはどのあたりにあるのでしょうか？

まず、子どもの行動の中に「学びに向かう力」を見ることです。

「学びに向かう力」とは？

たとえば、子どもは引き出しの中のモノを全部出してしまうことがありますね。

そうそう、アレ、ホントに困るんですー。

そのような行動を単なる「いたずら」と思って、おとなはやめさせようとします。けれども、じつはその中に「学びに向かう力」があるのです。

どういうことでしょうか?

引き出しの中にモノがあり、それが「出せる」というのは子どもにとって大きな「驚き」です。

たしかに、なにもない壁だと思っていたところが、なにやら引き出すことができて、さらに引いてみたらなにかが入っていて、その中身は出しても出してもまだ入ってる!! なんだなんだ!?……って、不思議でしょうね。

それに気づいた子どもは「他の引き出しはどうだろうか、もしかしたら同じことができるかもしれない」という「仮説」を立て、実際にそれを自分の行動を通じて「検証」してみるのです。

まるで科学者みたいです!

そして実際にそれが検証されれば、それはその子の「理論」となり、以前よりも「見通し」をもって環境にかかわれるようになるのです。

ああ、なんだか愛おしくなります。「いたずら」なんて気はさらさらなく本人たちはいたって真面目に「実験」していたとは!

こうした行動を困った「いたずら」ととらえ、いちいちやめさせていたら「学びに向かう力」をつぶしてしまうわけです。

わかりました。とはいえ、そのままにしておいたら部屋の中がめちゃくちゃになってしまいます。

そうですね。そこで、子どもの「学びに向かう力」を支える環境をつくることが大事になってきます。

あ、もしかして保育の中で「環境構成」といわれるものでしょうか?

その通りです。ポイントは、子どもが興味をもっていることを遊びの中で思う存分繰り返せる環境をつくることです。

さきほどの話では「繰り返し」が大事でしたね。

たとえば、モノを「出す」ことに興味があるのなら、この写真のような簡単につくれるおもちゃを提供してみると良いと思います。

写真1／ミルク缶を利用 やわらかい布をひっぱれ〜

写真2／カラフルなゴムのボールなどを製氷トレーにうつす

撮影●ホリバトシタカ

手作りおもちゃというとハードルが高く感じますがこれは100円ショップ等でもすべての材料が手に入りそうですね。うん、すぐにできそう！

写真1のようなおもちゃを作れば、思う存分「出す」ことを探究できる環境を用意できます。さらには写真2のようなおもちゃを作り、モノをある容器から「出す」ことへの興味を、別の容器に「うつす」ことの興味へとつなぐ環境を用意することもできますね。

そうか、「やっていいよ」といえる代わりの環境を用意すればいいんだ！身のまわりにあるモノで子どもの発達を促す「遊び」の環境がつくれるんですね。

その子どもの今の行動の中に、子どもが伸ばそうとしている力の芽を見出して、その芽を大きく育てる環境をつくることが重要です。

えっと、わたし、子どもと一緒にいるときには「3つのまなざし」に気をつけているんですが……

ぜひ教えてください。

その子と「向き合ってわかること」、「同じことをしてみてわかること」、「その子がなにかとかかわっている場面をよくみてわかること」の3つの視点を大切にしています。

いいですね。その子の今を見つめ、その子に対する理解を深めることこそが、その子にとっての「良い」環境を準備するためのスタートです。

第2節 子どもの「やる気」を高める環境って?

子どもの環境をつくるうえで、ほかにどのようなポイントがありますか?

一言でいえば子どもの「やる気」を高める環境をつくることが大事です。

「やる気」を高める環境とは……?

心理学の「動機づけ(モチベーション)」研究をもとに考えると、どうやら3つの条件が重要らしい、ということがわかってきました。

その3つの条件とは何ですか?

まず、やることを自分で選び、決められる「自律性」。それから、自分でできたという達成感が感じられる「有能感」。さらに、他者から認められるような「関係性」です。

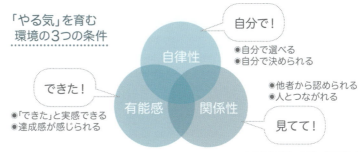

「やる気」を育む環境の3つの条件

- 自律性 「自分で!」
  - 自分で選べる
  - 自分で決められる
- 有能感 「できた!」
  - 「できた」と実感できる
  - 達成感が感じられる
- 関係性 「見てて!」
  - 他者から認められる
  - 人とつながれる

出典●ライアン&デシ「自己決定理論」より

たしかに「自分で!」「できた!」「見てて!」という言葉は子どもが盛んに口にするキーワードのようなものです。

公園などでも、「ねぇ、みて〜!」という子どもの大きな声が響いていますね。

これをさきほどの図と重ねると、「自分で!」は「自律性」、「できた!」は「有能感」、「見てて!」は「関係性」につながっていると思いました。

そのとおりです。

この3つが満たされると、「やる気」が高まり、満たされないと「やる気」がなくなってしまう?

ええ、そうです。もともと「やる気」のある子とない子がいるわけではないのです。「やる気」の芽はすべての子どもにあるのです。ただ、その芽を大きく育む環境とつぶしてしまう環境があり、その環境の違いで子どもの育ちが大きく変わってきてしまうのです。

子どもの「思い」を支える環境をつくることが大事なんですね。

はい、それが子どもの環境にかかわる意欲をよりいっそう高め、子どもがすくすくのびのび育つことを支えます。

第4章　環境は自分の姿を映す鏡

第1節　「良いおもちゃ」ってなに？

ここでクイズです。子どもが「刃物を使えるようになる」のはだいたい何歳くらいだと思いますか？

「使える」というと、だいたい7〜8歳くらいでしょうか。

イメージ

そう思いますよね。ところが、ある研究によると、わずか11か月の赤ちゃんがナタを使ってヤシの実を割っている姿が報告されています。

わあ、びっくり！この子だけが特別にできるということではないんですよね。

ええ、アフリカのこの地域ではふつうのことのようですよ。

なぜこの地域では赤ちゃんがナタを……なにか特殊な訓練をしているのですか？

出典●バーバラ・ロゴフ著／當眞千賀子訳『文化的営みとしての発達 ── 個人、世代、コミュニティ』新曜社　2006年

一言でいえば、発達を支える「環境」があるのです。この地域では「ナタ」は毎日の暮らしを支える大切な道具ですから、子どもはおとなたちが周囲の環境の中でナタを使っているところを見ながら育ちます。

(ひと昔前?ふた昔?の日本でもナタはよく使われていたっけ。でも今は……)

そうした環境で育つと、手を使う能力が伸びるこの時期になれば、「自分もやってみたい」という意欲が生まれるのは当然です。

アフォーダンスの視点からみれば、ナタの「モノを割る」というアフォーダンスが見えるようになったというわけですね。それで、その行為を禁じられていないので、自然にこうなっていく。

そう、そうした「自分でやりたい」という意欲が生まれたときに、タイミング良く、ちょうどいい難度の課題に、注意深く見守られながら挑戦できる環境を用意すれば、こうした発達が生じるのは不思議ではありません。

そういえば、ウチの子どもたちも、ヨチヨチ歩きの頃からだったか、おとながしていることはなんでもやりたがるようになりました。

どんなことがありましたか?

食器をシンクに運ぶ姿をまねたのか、ミカン箱いっぱいのミカンを全部シンクに運び入れたり、おむつ替えの後になぜか素裸で床掃除をしたり…。

今思えば、既製の「おもちゃ」よりも、むしろなんの飾り立てもない「道具」のほうに憧れを強くもっていたように思います。

ほう！　この写真はナタでヤシの実を割るアフリカの子どもにソックリですね。やはり「学ぶ」は「まねぶ（＝まねをする）」からはじまることがよくわかりますね。

身のまわりの「道具」を使ってあそべる力が子どもにあるとすると、そもそも「おもちゃ」ってなんでしょうか？

高校生の頃、同じクラスにいた留学生がこう言いのこしてアメリカに帰っていきました。「Everything is toy if you play with it（遊ぶことができれば、すべてはおもちゃだ）」と。

深い言葉ですね。

「おもちゃ」の定義はこの言葉に言い尽くされていると思います。そう考えると、この世界すべてが「おもちゃ」であり、人類の歴史のすべてが「遊び」であるとも言えます。

その「遊び」のプレーヤーを限定したり、不公正なルールをつくったりしたことが、この世界のさまざまな社会問題のおおもとにあるのかもしれませんね。

プレーヤーをどこまで広げていけるか、人類だけでなくほかの生き物たちもプレーヤーとして考えた「遊び」を構想できるか、そして誰もが喜びを共振しながら「遊ぶ」ことのできる公正なルールをつくることができるかどうか、それが今後の人類の課題になってくると思います。

なんだか大きな話になりましたが……、子どもの育ちを応援するというこの本のテーマにもどって考えると、「良いおもちゃ」とは、どういうものだと言えるでしょうか？

「おもちゃ」の定義からもわかるように、すべてのおもちゃは使い方によって「良いおもちゃ」にも「悪いおもちゃ」にもなります。

むむ、ちょっとあいまいですね。

ひとつの目安になるように、あえて単純化して言えば、「あそべる」おもちゃが「良い」おもちゃで、「あそべない」おもちゃは「悪い」おもちゃなのではないでしょうか。

「あそべる」というのは……自由が入り込む「ゆとり」があることですか？

はい、「遊び」とは「人と環境との結びつき」に自由に動けるような「ゆとり」をつくりだすことであると確認してきましたね。

この対話のいちばんはじめのところですね（75ページ）。

そうすると、遊び方が決まっていて、それ以外に探索する余地がないものや、子どもが受動的に刺激を受ける「だけ」のような「おもちゃ」は発達を促進するおもちゃとは言えません。

おお、すっきりしました。

逆に言えば、「子どもが自ら能動的にかかわり、さまざまな使い方を発見できたりするおもちゃ」は「良いおもちゃ」と言えるでしょう。

そういえば、夕飯の支度中に、わたしがふだん使っているキッチンのボウルなどの容器を子どもたちに「どうぞ!」と提供したことがあるんです。

どんな反応がありました?

子どもたちは、タイコのようにたたいたり、くんくんにおいをかいだり、マスクのようにかぶって声を出して反響を楽しんでみたり、帽子のようにかぶってみたり……と、おとなには思いつかないような、いろんなことをして「遊び」はじめたんです。

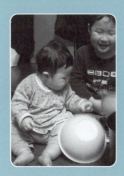

この写真を見ると、「容器のさまざまなアフォーダンス」を探索しながら、自分たちで遊びをつくりだしている充実した様子がうかがえますね。

なんの飾り気もない「プラスチック容器」だけで、こんなふうに自由な発想が引き出されるんだなあと感心しました。

既製品のおもちゃには「こういうふうにあそんでね」という強いメッセージが込められていますが、シンプルなボウルだったからこそ、多様なアフォーダンスに気づけたんでしょうね。

そういえば、同じものとかかわっていても、9か月の娘と6歳の息子の遊び方は違っていました。

アフォーダンスは環境の中に実在する関係性ですが、発達の段階によって異なります。身体の大きさや力の強さ、手先の器用さなどによって実際に利用できるアフォーダンスのバリエーションは当然異なっています。

一人ひとりに個性や発達の状況に違いがあるように、そこに見えるアフォーダンスも十人十色なんですね。

そうです、9か月の子どもと6歳の子どもでは、「見えているアフォーダンス」も「実際に利用できるアフォーダンス」も違います。

だから二人の遊びかたが違ったんですね！

はい、「発達」というのは、外から見れば「多様な能力が伸びてくる過程」ですが、発達する子ども自身の目から見れば、「環境の多様なアフォーダンスが見えてくる過程」と言えます。

できることが増えると、見えるアフォーダンスも増える!

ええ。小さいものを「つまむ」ことができるようになると、つまむことのできる小さなモノが「自分の行動の可能性」として周囲の環境の中にどんどん見えてきます。

1〜2歳の頃になると、おとなが気づかないような小さなモノをよく拾い上げたりしていますよね。

ああ、たしかにそうですね。

子どもにはおとなと違うものが見えているんだな、違う世界にいるんじゃないかなと思うようなときが多々あります。その小さなモノが、おとなにとっての「ホコリ」だったとしても、子どもはそのモノと関係を結び、対話しているんですね!

第2節 「できることに囲まれる」大切さ

そう考えると、発達の過程とは「環境」の中に新しい「自分」が見えてくる過程でもあると言えます。

どういうことでしょうか？

わたしたちは自分の姿を自分で見ることはできません。自分の姿を見るには「鏡」が必要ですが、環境がその「鏡」の役割を果たすのです。

さらに具体的に教えてもらえますか？

もし、子どもが自分にはできないものばかりに囲まれて育てば、自分は何もできない存在だと思い込んでしまいます。逆に、自分ができるものに囲まれて育てば、自己有能感や自己肯定感をもつことができるでしょう。

ああ、なるほど。同じ子どもでも、その子が「できないこと」に囲まれていれば「できない自分」を強く感じますし、「できること」に囲まれていれば「できる自分」として自分を認識するということですね。

ええ。ですから環境を構成することは、子どもの自己像を構成することにもつながります。おとなはこのことを意識したうえで、子どもの周りの環境を子どもと共に構成しなければなりません。

ついつい「できること」はこのままきっと勝手に伸びていくと思ってしまい、子どもの「できないこと」をなんとかしないと！と思ってしまいがちです。

気持ちはわかりますが、もし、子どもが自分にできないものばかりに囲まれて育てば、自分は何もできない存在だと思い込んでしまいかねません。

あれもできない！これもできない！と、環境に「できないこと」を見せつけられちゃうんですもんね。

つらいですよね。でも、これを逆に考えれば、自分ができるものに囲まれて育つことで、自己肯定感を育むことができるわけです。

やる気を引き出すために大切なのは、「自分で！」「できた！」「見てて！」という3つの思いを支えることでした。

ええ、身のまわりに思わずまねしたくなるような他者の行動があり、しかもそれを子ども自身の力でできるような環境があれば、子どもはどんどん自分の力を伸ばしていけるのです。

というと、早期教育と呼ばれておこなわれていることなどは……

発達は早ければ早いほどいいというものではありません。

その時期に経験すべきことを十分に経験することで、次の発達のための土台を大きく強くしていくことが基本です。ですから、その子が今どのような力を伸ばそうとしているのかを見極めることが大切ですね。

それをどのように見極めたらいいのか、ということについては……

子どもを見るにあたっては、勝間田先生からは「３つのまなざし」のお話がありましたよね。

はい、その子と「向き合ってわかること」、「同じことをしてみてわかること」、また「その子がなにかとかかわっている場面をよくみてわかること」の３つです。

そんなふうに子どもに寄り添って、「子どものアフォーダンス（＝かくれている可能性）」をたくさん見つけることが、わたしたちおとなのミッションです。その宝箱を開ける鍵が、子どもの「環境」にあると言えるでしょう。

道草ノススメ
―― 育つ子どもと考えるわたしのひとこま ――

かけるよ！

袋に名前を書いていたら、3歳の娘が「なおちゃんも"た"かけるよ！」と言う。「じゃあ、どうぞ」とペンを渡すと……一生懸命に「た　も　き」。

し、へ、つ、く……など一画の字を書くのかなと予想していたのに、た・も・き。

そうか、子どもは学びたいものを学ぶんだな。「簡単そう」「覚えやすい」という理由よりも強い動機は、「ワクワクするかどうか」。

学びのパワーを決めるのは、心の踊りかた。学びを支えるのは、感動。

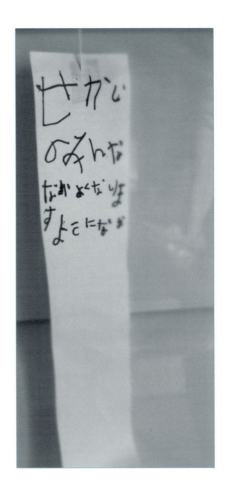

第5章　美しく生きるために
第1節　「教」と「育」のあいだ

教育 ＝ 教える ＋ 育つ

「育ち」の可能性を **信じる＆待つ**

　教育という名詞は、「する」という接尾語をつけて「○○を教育する」という使い方ができます。ここで「おとなが子どもを教育する」という文章を例に「教育」について考えてみましょう。

　この文を「おとなが子どもを教えて、育てること」と考えてしまうと、子どもは、おとなの行為の目的（育てられる人）になり、受け身の存在になります。

　そこで「おとなが"子どもの育ち"のために教える」と考えたらどうでしょう。教育という営みを「おとなが教え、子どもが育つ」ととらえると、おとなも子どもも自らの生の主人公になりませんか。

　そして、この「育ち」はいつやってくるのかは事前にはわかりません。「育つ」のは子どもの中でおこる変化であり、目でみることもできません。

その変化が言動に表れてはじめて自分や周囲の人に認知され、「育ったなぁ」ということがわかるのです。つまり、「育ち」は事後的に追認されるものだということです。

　もう一度言います。「育ち」がいつ訪れるのかは、誰にもわかりません。

　ただ一つ覚えておきたいことは、いつやってくるのかわからない「育ち」の可能性を否定し、あきらめてしまったら「育ち」は訪れないということ。育つ可能性を信じ、こんなふうに育ってほしいな、育ちたいな、と願いながら、待ち続けていると、いつか必ず「育つ」のです。

　信じる、信じ続けるには、忍耐が必要です。仲間もいたほうがきっと心強いでしょう。一緒に「信じる人」になりませんか？

そもそも「教える」という行為は、少しだけ見晴らしの良いところに立っている人が「自分の方がよく物事が見えている」と思って、自分の知りえた情報を「見えていないだろうと思われる人」に伝えようというものです。

「善意」に端を発しているものの……とてもお節介な行為ですね(笑)

第2節 「生」と「活」のバランス

　幼児教育は「生活の中で、環境を通しておこなう」ことが大原則。

　この「環境を通して」という部分の意味と重要性は、対話編（74〜106ページ）でお示しした通りです。大事なことは「その子の個性や発達の状況をよく観察して、目的を定めて環境を構成すること」でした。

　さて、ここでは「生活の中で」という部分に着目します。

　みなさんは「生活」という語の意味について、考えたことはありますか？「生活」は「生」と「活」からなる語です。

　英語にするなら「life」。
　「life」は生活であり、生命であり……生きること、いきいきしていること、元気の源、活力……と考えると、訳語のなかにも「生」と「活」の文字が使われる語が含まれていることがわかります。

　それでは「生」と「活」のちがいはどこにあるのでしょうか。どちらも「いきる（生きる・活きる）」と読む漢字ですが……

　「生」は「植物が土に根差して伸びていく様子」を表した文字。
　「活」は「水が物にぶつかり音を立てながら流れていく様子」を表した文字。

　大地にどっしりと根を張って光の方へぐんぐんと伸びていくことが「生きる」。
　困難に直面しても柔軟に自分を変化させて前に進んでいくことが「活きる」。

　生活には「動かないこと」と「動くこと」、「変わらないこと」と「変わること」の相反する両面がバランスよく含まれることが大事です。そのジレンマに悩みつつも、楽しみながら引き受けることが、愉快な生活を創っていくための要になるだろうと思います。

　個性あふれる一人ひとりの発達を、うまく支えるバランスの良い「生活」のなかで（一日単位ではなく、数日間のスパンで考えたらよいでしょう）、子どもたちは「遊び」を通して自分のことや世界のこと、自分と周囲の人・モノとの関わり方を学び、「自分の生活＝いのち」を創っていきます。

　「生きる」と「活きる」のバランスという視点で、自分自身の生活の「これまで」と「これから」を考えてみてください。

終章 「美しい」を考える

この本ではいろいろな「感覚」に焦点をあててきましたが、わたしたちは誰に教わったわけでもなく空の青さを「美しい」と感じ、キラキラする水面を「美しい」と感じます。これは、どうしてなのでしょう。この謎を解く鍵を佐治先生と一緒に考えてみましょう。

「美しい」を探る旅、先生の好きな音楽、とくに「好きな楽器＝音」からスタートです。

♪……「ボクは風が好き」

先生、好きな楽器を教えてください。

なになに、突然に（笑）　そうですね。楽器にはそれぞれ特徴があり、それぞれに素晴らしいけれど、あえて言うならパイプオルガンですね。

パイプオルガン！なかなか出会う機会のない楽器ですが……。

あのね、パイプオルガンの魅力はストップレバーなの。ストップレバーを操作して色々のパイプに風を送るので、同じ鍵盤を弾いても違った音色を出せてね。ストップレバーの組み合わせでつくれる音の集団は無限なんですよ！

わー、無限！（……あ！「えんぴつにひそむ可能性」（76ページ）も無限だったな。）

譜面にかかれた音符はずっと変わらない「記号」なんだけど、「いつ、どこで、誰のために演奏するか」によって、そのとき限りの音を奏でることができるわけ。

相手との関係が音に反映されるなんてロマンチックですね。

音はメッセージだからね。ぼくはね、風が大好きなの。目には見えないけれど、ものすごい存在感があるでしょ。そこがとても好き。

第II部　学びの理論編

弾いていると、オルガンが呼吸しているのがわかるから。ぜひ、それを聞いてほしいな。演奏を終えてスイッチを切ると、パタパタ……ガタンとストップレバーが閉まる音がした後「ふ〜っ」と深呼吸しますよ。

演奏の「あと」を聞くって、考えたこともありませんでした。パイプオルガンが息を大きく吐いて、演奏が終わるんですね。

そう、でもパイプオルガンは自宅に置けないから……身近な楽器を挙げるならピアノ。ほら、ピアノは打鍵の強さやペダルで繊細な表現ができるでしょ。オルガンとは一味も二味も違うよね。自分のそばにおけるという意味でも、ピアノが大好き。

あ、わたし、ピアノの先生に「このフレーズを一呼吸で弾く」なんて言われたことを思い出しました。呼吸を意識して弾くと、音を奏でているのがピアノなのか、自分なのか、その境目がぼんやりしてきて、とても不思議な気持ちになります。

演奏するときには、弾くこと自体が呼吸と連動しますから、生きているという実感がそのまま演奏にでるのでしょうね。音楽はね、文字とは違って、音が消えては、生まれ、生まれては消える「時間を紡ぐ芸術」なんです。

♪……　ハーモニーとゆらぎ

ひとりで奏でる音楽も素敵ですが、誰かと一緒に楽器を演奏するとき、文字通り「息が合う」と、テンポが合い、音が合って、心地よい響きになりますね。

そうですね、「呼吸」が「吸う」と「吐く」の間をいったりきたりするように、この世界の全ての出来事は「均衡＝バランス」関係において存在するんです。そして、その均衡は「ゆらぎ」を含みこんだものなの。

ゆらぎ、ですか。

うん、ゆらぎ。調和は、がっちりと固定したものではなく、ゆらゆらしながら、なんとなくうまくバランスを保っている状態、と言ったらわかるかな。

ゆらゆらの、いったりきたりを、なんとなく……。その「いったりきたり」の振れ幅にもまた「ゆれ」がある感じ……ですか？

そう、ゆらぎって半分は予測できて、半分は予測できない変化のことなんです。

「予測できない」ということを「予測できる」っておもしろいです。……なんだか「ゆらぎ」は、人と人との関係でも重要な役割を担っている気がします。

人と人は、色んな言葉や気持ちのやりとりをして、自分自身もゆらぎながら、存在しています。人って常に変化している存在でしょ。だから、一定の関係を保つには、お互いがお互いに思いを馳せながら、変わり続ける必要がありますね。

「調和＝ハーモニー」とは、双方向的で動的な、そして、ゆるやかでやさしいつながりが見え隠れする、そのあいまに、ほんわかと立ち上がるものなんですね。

♪……「美しい」について

「美しい」の謎を解くカギは、この「調和」にありそうな気がするんですが。

「美しい」ねぇ、難しいなぁ。でも、たしかに、調和の延長線上で考えると、答えが見えてきそうですね。「美しさ」は時代によって変わってきた部分もありますが、それでもある程度の「美しい」の基準ってあるかもしれませんね。

たとえば、現代のわたしたちがお月さまの青白く澄んだ色に魅せられて想像を膨らませるように、万葉の歌人たちも月を眺め、いろいろに詠んでいますし……今も昔も、世界の各地で月は愛でられ、親しまれています。

そうね、「月と太陽」が象徴する「夜と昼」は、どちらも相手があってはじめて成り立つわけですね。このように対になっているものを、一段、高いところに立って、それらを包みこむ調和を見つける、というところにヒントがあるかな。
ためしに「無と有」について考えてみましょう。交差する直線を何本か書いてみてください。

 (こうかな……)

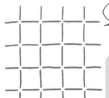

あっ! 消したら出てきた!

 縦と横の直線が交差する点を消しゴムで消すと……白い◯が生まれたように見えるでしょ。ね。消えて、生まれた。これが「無＝有」。

 今、先生とお話ししている「わたし」は、先生がいないと存在しえない「わたし」ってこと……と同じですか?

 ボクからみても同じことが言えますよ。そのキミがいないと、今のボクは存在しえないんだからね。

 ……あっ、「美しい」についてのお話をしていたのでしたね。そう、「美しい」とは調和です。調和は、そのもの自体が、そのもの以外のすべてに支えられ、「フラクタル」(67ページ参照)の構造を持った関係の中にふっと生まれるのです。

 月は、きっと、夜の闇や周りの星、月を覆う雲やゆっくりと横切る鳥、見えないけれど確かにある太陽、昼の明るさや騒がしさを含みこんで、美しいんだ。

 美しいものに接して、自分がなくなってしまう感覚ってあるでしょ。美しい夕焼けを眺めているとき、大好きな人と一緒にいるときの、感動的な一瞬。自分と相手が渾然一体となる「トワイライト」は、そんな優しいときですね。

 「美しい」は、自分の中にありながら相手との関わり合いの中から生まれるもので……つねに新しくて、どこか懐かしいから、理屈抜きで心地よいんですね。

 だから考えるより前に、「美しい」と感じてしまうものなのでしょうね。

 「美しい」に触れ、それを感じる心と身体、そして言葉が生まれるのかな。

 そう、そしてわたしたちはそれぞれに「美しい」を生みだせるんです。「生きる」とは世界に彩りを加え、自分自身の「美しい暦」を編むことなんですね。

おわりに
希望を語る、未来を拓く

　ある秋の朝、年中組の娘が「やっぱり行きたくないーママがいいー」と登園の道中で立ち止まり、何をどうしたって動かなくなり、途方に暮れたことがあります。困り果てて目を遠くにやり、辺りを見回すと、茶色い草で覆われた空き地に一輪だけ凛と立つ真っ白なユリ。「あ！あんなところに、真っ白なユリ！ゆらゆらして、おいでおいでって呼んでるよ！ねぇ、みて！」

　わたしが思わず漏らしたその言葉に促され、娘は顔を上げました。ユリを見つけた途端、ぱっと笑顔になって走り出し、横にいってご挨拶。「あぁ、甘いにおい！」

　そのときわたしは、娘が自分で顔を上げて、自分で走り出したことを喜びながら「この子のまだ気付いていない"ステキなこと"や"美しいもの"の存在をうまく伝えられたら、こんなにも嬉々として自ら動き出すんだな」と痛感し、胸がキュンとしました。

　おそらく、それが一番大事な大人の役目。子どもに関わる大人が最も注意を払うべきことは、世界の「美しい」や「不思議」をそっと伝え、子ども自らが動き出せる環境を整えることだろうと思います。世界を創っている色々な「美しい」に魅せられ、「不思議」に胸を躍らせることこそが、生きる力の源泉でしょう。

　さて、その翌日。娘は首をうなだれるユリに目をやって立ち止まり（もうユリは彼女の世界の一部です）、「あのユリ、かれたの？」とわたしに尋ねます。「これから種ができるんじゃない？そして、その種が落ちて、来年は4つくらい花が咲いて、その次の年はもっともっと増えて、ユリ畑になるんじゃないかな」と応えたら、「えー！ユリ畑にはならないよ！」と娘。

私「どうして？」
娘「それは、ならないと思うからだよ」
私「じゃぁ、なってほしいか、なってほしくないか、だったら？」
娘「え……そりゃぁ、ユリ畑がいいよ。いっぱい咲いたらいいにおい！」
私「二人が"ユリ畑になったらいいな"と思ったら、二人でユリ畑にしよう！って考えるでしょ。そしたらユリ畑になるよ！」
娘「そうか……うん！二人で髪にユリをつけて歩きたい！」
私「いい！花いっぱいのドレスもステキ！」
……

　「これからどうなると思うか」も大事だけれど、「これからどうなったらうれしいか」をもっと大切にしようと思った瞬間です。そして同時に、問いの立て方次第で、同じ事象について語り合っているのにまったく別の方向に気持ちが創られていくことにも気づき、ドキッとしたことも覚えています。ともに語り合うわたしが、子どもの心に寄り添えば寄り添うほどに、その舵を握ることだってできてしまう……。その恐ろしさと責任の重さを改めて感じた瞬間でもあります。

　情報化社会といわれる現代、真偽の不確かな情報が巷に溢れ、目に見えない不安や悪意が色々なところに渦巻いており、人々はネガティブな想像に怯え、疑心暗鬼になっているように思います。そんな今だからこそ、自分の感覚を磨いて世界の美しさを全身全霊で堪能し、想像力を豊かにして相手を思い遣り、モノや人と対話的な関係を築きながら、その間に優しさを満たしたい、と強く願います。

　これからの社会がどうなるのかはわかりません。しかし、その予想もできない未来を創るのはわたしたち自身です。平和な社会は、人と人が助け合い、支え合って創り、守り、育てていくもの。そうだとすれば、希望を語り、明るい未来を展望して「こうなったらいいな」という方向へ進んでいきたい、と思います。

　本書が、手に取って下さったお一人お一人の身体と心を動かし、人と人をつなぐ紐帯になりますように。そこで蒔かれた希望の種が、いつか豊かな実を結びますように。

勝間田 明子

謝辞

　本書が生まれるきっかけは、ある冬の昼下がり、研究室にいらした株式会社みらいの米山拓矢さんに、わたしの夢を語ったときに遡ります（初対面なのに2時間くらいお話ししましたね）。知のゆりかご・佐治先生、細田先生と一緒に、優しくて温かい気持ちを込めた「美しい本」を創りたい！という想いにご賛同いただき、そのアイデアに形を与えるべく、辛抱強く見守り励ましてくださいました。米山さんのおかげで予想をはるかに超える素敵な本になったと思っています。

　またイラストとデザインを担ってくださったマサラタブラの山内さんと布袋さんには、感謝してもしきれません。言葉足らずなわたしの想いをわたし以上に感じ取り、すっきりと優しい線の醸し出す余韻の素晴らしい絵と構成で、この本のメッセージをしっかりと支えてくださっています。

　そして随所に登場する息子と娘の存在も大きな力となりました。わたしが立ち止まっているうちにも二人がすくすくと育っている事実、その愛おしい存在そのものがわたしに元気をくれました。

　たくさんの方々と心を通わせ、力を合わせてこの本は誕生しました。ここに詰まっているたくさんの優しさと思いやりが、手に取って下さったみなさんの生活をそっと照らしてくれることを切に祈っています。

　　　　　　　　　　　　　　　　　勝間田 明子

著者紹介

撮影——我妻活恵

佐治 晴夫——さじ はるお

1935年、東京都生まれ。理学博士（理論物理学）。東京大学物性研究所、ウィーン大学などで研鑽の後、松下電器東京研究所主幹研究員、玉川大学、県立宮城大学教授、鈴鹿短期大学学長などを歴任。現在、鈴鹿短期大学名誉学長、大阪音楽大学客員教授、北海道・美宙（MISORA）天文台台長。無からの宇宙創生にかかわる「ゆらぎ」の理論研究の第一人者。宇宙の根源的性質である「1/fゆらぎ」を扇風機などの家電製品などに応用する開発研究や地球外知的文明（ET）との交信に数学と音楽を使うことを提案したことで知られる。

撮影——藤里一郎

勝間田 明子——かつまた あきこ

1977年、愛知県生まれ。平和を創るための教養を身につけたい！と国際基督教大学に入学。世界の多様な文化に触れてヒトが人になるための「教育」に興味を持ち、理学科から教育学科へ転じた後、名古屋大学大学院で社会教育を学ぶ。在学中の出産（息子＆娘）を機に、「子ども」や「保育」のおもしろさに目覚める。保育士資格を取得した後、鈴鹿大学短期大学部助教を経て、名古屋柳城短期大学で講師として保育者養成に尽力中。行動選択の基準は熟考＋直感。特技は感情移入。いつも一生懸命で毎日があっという間。

細田 直哉——ほそだ なおや

1971年、山梨県生まれ。東京大学文学部哲学科卒業、東京大学大学院教育学研究科修了。大学院修了後、教育の原点を求めて小中学校の教員になるが、学校の勉強は本当に子どもに必要なのか疑問を感じ、人間の生活の原点を求めて、新潟の山里で農家に弟子入り。その後、ヒトが人になる過程を研究するため大学の研究者になる。現在、聖隷クリストファー大学社会福祉学部こども教育福祉学科准教授。専門は、心理学・教育学・保育学。環境に潜む行為の可能性＝アフォーダンスが人の発達をどう支えているのかを研究している。趣味は生きること。

道草ノススメ

そうだったのか

娘が3歳の頃、新品のぬり絵の表紙が切り刻まれていたのを見つけたので「ねぇねぇ、どうしてこうなってるの？」と聞くと「あ、それ！なかのおかおがみえなかったんだー。そうしてゴミ箱にぽーいだよ」と得意げな顔。

表紙をめくらずに初めのページを見えるようにした！なんて愛おしい発想！

うっかり嫌な顔しなくて本当によかった。
なんでも聴いてみるもんだなとつくづく思う。

装丁
ブックデザイン
本文イラスト ──── マサラタブラ●山内拡・布袋江里

扉の挿絵など ──── 小島まゆみ
見返しの挿絵など ── 小島伸吾
印章 ──── 小島崇広
SPECIAL THANKS ── 面影座　小島貴子

あそんでまなぶ わたしとせかい
子どもの育ちと環境のひみつ

2018年4月20日　初版第1刷発行
2024年4月20日　初版第4刷発行

著者 ──── 勝間田明子
　　　　　　細田直哉
　　　　　　佐治晴夫

発行者 ─── 竹鼻均之

発行所 ─── 株式会社みらい
〒500-8137 岐阜県岐阜市東興町40番地　第5澤田ビル
TEL　058-247-1227(代)
FAX　058-247-1218
https://www.mirai-inc.jp/

印刷・製本 ── サンメッセ株式会社

ISBN978-4-86015-448-6 C3037
©2018 Printed in Japan
乱丁本・落丁本はお取り替え致します。

JSARAC 出 1800710-801